www.tredition.de

© 2016 Susan Prinzessin Reuss
www.susanreuss.de

Verlag & Druck: tredition GmbH, Hamburg
3. Auflage 2018

ISBN
Paperback: 978-3-7345-7859-5
Hardcover: 978-3-7345-7860-1
e-Book: 978-3-7345-7861-8

Bildnachweise: Privat, © Fotolia

Susan Prinzessin Reuss

Persien, meine Heimat

Ich widme meine Erzählungen dem Land Iran und seinen lieben Menschen, welchen ich so viele unvergessliche Momente verdanke.

Wir alle sind Bürger einer Welt, tragen jedoch in unserer Seele unser eigenes Land – das, in dem wir geboren wurden, in welchem die Familie und die Freunde leben, in dem wir gelernt und unsere Erfahrungen gesammelt haben.

Persien mit seiner großen Geschichte, der Kultur sowie seinen weltweit anerkannten Dichtern und Denkern ist mein Heimatland - und dessen Philosophie hat mich geprägt und wird mich immer begleiten.

Inhalt

Ankommen

Bereits auf dem Flug nach Teheran atme ich auf. Ich bin auf dem Weg in meine Heimat. Hier bin ich aufgewachsen...

Iraner leben heute auf der ganzen Welt verstreut, sie sind überall und nirgendwo. Vielleicht fühlen sich Iraner deswegen auch da wo sie leben oft einsam, denn sie sind oft ohne ihre Familien. Die jüngere Generation kümmert sich um ihre Karriere, einsam im Ausland, und unsere Eltern leben und sterben einsam im Heimatland. Häufig können die Kinder ihre Eltern nicht besuchen, sich nicht einmal von Vater oder Mutter verabschieden, nicht bei ihrer Beerdigung dabei sein, politische Auseinandersetzungen oder finanzielle Knappheit machen es ihnen unmöglich. Wir fühlen uns vergessen in Deutschland oder den anderen Ländern, in denen wir jetzt leben, und die Menschen, die noch im Iran sind, fühlen sich dort einsam, weil wir, die nachfolgenden Generationen, nicht mehr da sind.

Wir sind vergessen von unserer Familie, unseren Freunden und Klassenkameraden und diese sind auch vergessen worden von uns. Alles andere ist nicht machbar. Für die, die weggegangen sind, gilt es, alles zu verdrängen, weil nur das Überleben zählt. Um überleben zu können, können wir es uns nicht erlauben, an den Erinnerungen an unsere

Liebsten hängenzubleiben. Wir müssen weiter, nach vorne schauen, nicht zurück.

Schon im Flugzeug herrscht eine andere Atmosphäre: Die Menschen lächeln sich an, begrüßen sich gegenseitig, tauschen ihre Plätze und kümmern sich sogar um die Kinder anderer Passagiere, falls diese kurz den Platz verlassen müssen. Ich fühle mich befreit. Nach viereinhalb Stunden komme ich in Teheran, der Hauptstadt des Iran an.

Do and Don't –

ein paar Tipps für das richtige Verhalten im Iran

Der Iran wird in Folge der Entwicklungen der letzten Jahre für Touristen und Geschäftsleute zunehmend interessant. Wer das Land jedoch bereisen möchte, sollte sich darüber im Klaren sein, dass dort bestimmte Regeln herrschen, die man beachten sollte.

Kleidung:	Nach den Regeln des Islam müssen Frauen ein Kopftuch tragen und die Kleidung sollte nicht zu eng anliegen, zudem muss die Kleidung bis zu den Knöcheln bzw. Handgelenken reichen. Männer sollten auf kurze Hosen verzichten.
Zollvorschriften:	Das Mitbringen von Alkohol, Schweinefleisch und Magazinen oder Büchern mit freizügigen Aufnahmen ist verboten.
Geld:	Es ist nur selten möglich, mit Kreditkarten zu bezahlen und auch mit ausländischen Bankkarten kann man in der Regel kein Geld beziehen. Die Landeswährung Rial ist in Wechselstuben oder per Umtausch bei Banken erhältlich.
Religion:	Die islamischen Vorschriften müssen auch von Nicht-Muslimen beachtet werden. Während des Ramadan beispielsweise ist es tagsüber nicht gestattet, in der Öffentlichkeit zu rauchen, zu essen oder zu trinken.
Sicherheit:	Wer den Iran außerhalb Teherans erkunden möchte, sollte sich bei der Botschaft des Heimatlandes über Risiken und Hinweise informieren. Derzeit wird von Reisen in die Grenzgebiete zur Türkei und zum Irak ebenso abgeraten wie zu Reisen in die Regionen an den Grenzen zu Pakistan und Afghanistan.

Die Stadt Teheran

Teheran ist lustig, verrückt, grenzenlos, laut, stinkig und schmutzig, aber auch lebendig und irgendwie schön, sie strahlt etwas Positives aus. Diese Stadt hat Charisma. Die Stadt hat sich erholt von traurigen Momenten, gewaltsamen Erlebnissen. Die Sonne strahlte und strahlt täglich weiter, trotz allem, die Iraner sind immer weiter freundlich geblieben und sie gaben der Stadt ihre positive Aura zurück.

Die Menschen, die hier leben, sind genauso wie ihre Stadt: Sie können vergessen. Sie glauben an das Schicksal und können vieles verzeihen oder zumindest verdrängen.

Teheraner sind immer gutgelaunt, redselig, voller Lebensfreude und humorvoll. Auch wenn sie sich nur kurz an einem Ort aufhalten, in Geschäften, Bussen oder Restaurants, erzählen sie gerne Witze und können sich köstlich amüsieren. Sie antworten lächelnd und demütig auf alle Fragen über schmutzige Luft, verseuchte Lebensmittel, dreckiges Wasser, Stau, Lärm, überteuerte Sachen, Mangel an Medikamenten und die medizinische Versorgung. Mit anderen Worten: Wir Iraner haben uns daran gewöhnt.

Sie wollen einfach nicht mehr zuhören, nachdenken und sich weitere Sorgen machen. Das Lied „Don't worry, be happy" passt hervorragend zu ihrer Lebenseinstellung. Sie möchten endlich leben und aufatmen.

Und sie sind überzeugt von ihrem Präsidenten und seiner Politik. Es scheint, als ob sie endlich eine Schulter zum Anlehnen gefunden haben, auch wenn dieser Halt nicht ewig Bestand hat.

Als zum Beispiel in Teheran einmal vor einigen Jahren nach dem ersten Wahlsieg Rohanis viel Schnee lag, schrieben die Menschen mit dem Finger auf die schneebedeckten Autoscheiben: „Rohani, danke Dir!". Sie waren ihm sogar für den Schnee dankbar.

Die Iraner lenken sich mit türkischen und indischen Filmen ab. Perser mögen persische Filme, aber dadurch, dass die Schauspieler nicht frei spielen dürfen; nicht tanzen, singen, keine Umarmungen - was vor allem für junge Menschen Romantik ist, da die Schauspielerinnen immer Kopftücher und lange Mäntel tragen (sie möchten schöne Kleider sehen, Mode, Farbe, Stil) wird viel Glanz von den Filmen weggenommen und deshalb bevorzugen sie Filme und Serien aus der Türkei und aus Indien und sie lenken sich auch dadurch vom Alltag ab. Iraner mögen gutaussehende Schauspieler.

Nach jahrelangem Leid und Sorgen, Krieg und Sanktionen sind sie müde und erschöpft, sie brauchen Ruhe, sehnen sich nach Frieden und Lebensfreude in jeder Hinsicht.

Teheran, eine Stadt mit einem einzigartigen Geruch, voll mit Lärm und vielen bunten Glühbirnen sowie unzähligen Flaggen in allen Farben.

Als ich zum ersten Mal eine Reihe gelber Flaggen sah, fragte ich sofort meinen Bruder: „Von welchem Land könnte diese Flagge sein? Knallgelb?"

Er zeigte mir die weiteren Flaggen, auch in Knallfarben; in rot, blau, grün, orange und lila und erklärte, diese seien vom *Shahrdari*, das bedeutet Ordnungsamt.

„Das Ordnungsamt dekoriert die Stadt gerne mit Flaggen und bunten Glühbirnen", sagte er.

Ich nehme die bunten Glühbirnen überall wahr; auch da, wo sie nicht hingehören und in Kombinationen, die überhaupt nicht passend erscheinen.

Mittlerweile hat jeder Stadtteil mehrere Moscheen. Viele Bauten sind sehr schön, verfügen über goldene, smaragdgrüne oder himmelblaue Kuppeln und Minarette. Ich höre es gerne, wenn mittags und bei Sonnenuntergang der *Azan* erschallt. In den Moscheen ist man immer willkommen, bei Tag und bei Nacht. Manchmal erhalten die Besucher in der Moschee Tee oder einen kleinen Imbiss. Außerdem finden sich dort auch stets Aufrufe zu Spenden. Moscheen können für manche Frauen eine Zuflucht bieten.

Frauen und Männer haben getrennte Räume. Die Menschen treffen sich dort, verbringen manchmal den ganzen Tag in der Moschee, beten, weinen, sprechen sich aus, lesen im Koran, tauschen Informationen aus und finden Freunde.

Die Iraner sind sehr kontaktfreudig. Ihre Emotionalität und Empfindlichkeit lassen sie jedoch leider auch sehr schnell feindselig werden. Iraner spielen gerne Chef, ein Türsteher hält sich für einen Geschäftsführer, eine Krankenschwester für die Chefärztin, und sie erwarten entsprechend gebührenden Respekt. Die Frauen mögen es, sich zu unterhalten. Nette Gespräche und das Bummeln in Einkaufscentern bevorzugen sie deutlich gegenüber Sport. Sie lieben Mode und verfolgen die neuesten Trends, so gut wie es ihnen möglich ist, auch wenn ihnen die modische Garderobe überhaupt nicht steht. Die Hauptsache für sie ist es, dabei zu sein. Sie fühlen dadurch, dass sie zu dieser Welt gehören.

Iraner sind keine Araber, wir sind Perser und von ein paar arabischen Ländern umgeben. Den Iranern ist diese Unterscheidung wichtig und sie hören es nicht gern, wenn sie als Araber bezeichnet werden.

Persien oder Iran?

Der heutige Staat Iran hieß bis zum 27. Dezember 1934 „Persien". Dann verfügte der damals herrschende Schah Reza Pahlavi die Umbenennung. „Iran" bedeutet „Land der Arier", wobei die Arier – entgegen der missbräuchlichen Verwendung des Wortes durch die Nationalsozialisten – ein Urvolk waren, das vor vielen tausend Jahren im persisch-indischen Gebiet lebte.

Persien? Iran? Was sagt man denn nun? Was ist üblich? Wenn man einen Perser danach fragt, aus welchem Land er kommt, lautet die Antwort meist sofort: Aus Persien. Der Begriff Persien wird verbunden mit der glorreichen persischen Herrscherzeit und ´Iran´ wird zu oft verwechselt mit

`Irak´. Ich bin sicher, wenn man jetzt eine Umfrage machen würde, die meisten Iraner würden für „Persien" als Landesbezeichnung stimmen.

Teheran ist verrückt, vielseitig und laut. Es gibt Millionen Autos und man hat sogar in der Nacht noch Staus. Die Stadt ist bunt, es gibt ganz viel unpassende Architektur und Baustile nebeneinander, viele breite und wunderschöne schmale Straßen. Im Norden sieht man die schönsten und modernsten Gebäude, Restaurants und Cafés, Einkaufszentren, Parks, Gärten, Museen und Paläste und im Süden wunderschöne alte Gebäude, Basare, auch Paläste, Museen, alte Cafés. Jeden Freitag ist Flohmarkt (*Jomehbazar*) in einem Parkhaus, es gibt jede Menge Geschäfte, wo man frische Nüsse kaufen kann mit einem großen Preisunterschied zum Norden der Stadt.

Es gibt im Süden von Teheran für alles ein Zentrum: Brillen, Gewürze, Mobiltelefone, Einrichtungen, Fernseher, die Taxifahrer wissen über alles Bescheid. Man darf nur nicht mit ihnen geizen - wenn man denen Trinkgeld gibt und zwar am Anfang, beraten Sie einen richtig und am Ende hat man Zeit und Geld gespart. Man darf nicht vergessen, Taxifahrer sind entweder verheiratet und haben viele Kinder oder es sind Studenten und im Iran gibt es viele Unis, für die man bezahlen muss, also bitte immer an Trinkgeld denken. Dafür sind die Taxigebühren im Vergleich zu Deutschland super günstig.

Teheran wird jedes Jahr schöner, moderner und größer. In Teheran sagt man: „Iran ist die Hauptstadt von Teheran."

Azadi-Monument in Teheran

Großer Basar der Zaid-Moschee, in Teheran

Reisen im Iran

Wenn man als Deutscher die Nase voll von Wolken und schlechten Wetter hat, muss man reisen und zwar ganz weit weg oder sogar auf einen anderen Kontinent, aber im Iran braucht man nur 40 Minuten nach Süden zu fliegen oder acht Stunden mit dem Zug zu fahren und dann landet man in der Sonne und am Meer, nämlich am Persischen Golf und umgekehrt, wenn man Sehnsucht hat nach Regen und Schnee und Skifahren, fliegt man höchstens 40 Minuten und genießt ganz anderes Wetter - alles in einem Land! Persien erwartet Sie herzlich und freundlich.

Persien ist immer eine Reise wert, die Jahreszeit spielt dabei keine Rolle. Der Iran ist acht Mal größer als Deutschland, man kann gleichzeitig im Norden am Kaspischen Meer den Winter mit allen seinen Zügen und landschaftlichen Schönheiten genießen und den Sommer am Persischen Golf in einer Flugstunde Entfernung. Dazwischen liegen jede Menge kleine und große Städte mit kultureller und historischer Bedeutung und wunderschöne Wüsten.

Isfahan ist zum Beispiel eine wunderbare Stadt mit vielen prächtigen Gebäuden. Auf dem riesigen „Platz des Imams" treffen sich vor allem freitags unglaublich viele Leute. Über die Menschen hier sagt man, dass sie besonders sparsam und besonders geschäftstüchtig sind. Ich freue mich immer, wenn ich die Leute aus Isfahan sprechen höre. Schade, dass   Deutsche deren Akzent nicht erkennen können, er ist sehr schön, sehr melodisch, sehr sympathisch. Wenn ich in Isfahan bin, versuche ich mit allen Mitteln, mit denen zu reden, um mich ehrlich zu amüsieren. Ich frage nach Adressen, obwohl ich keine brauche oder nach Wechselgeld oder ich gehe einfach einkaufen, nur um mit denen zu reden, einmalig. Ein iranisches Sprichwort sagt, Isfahan sei die halbe Welt.

Isfahan ist bekannt für seine außergewöhnlichen Brücken

Insel Qeschm	Die Insel Qeschm (bedeutet „lange Insel") liegt in der Straße von Hormus im Persischen Golf. Hier gib es mehrere Fischerorte, historische Bauwerke und die Hara-Mangrovenwälder, in welchem viele Tierarten, vor allem Vögel, zu Hause sind.
Kawir-Wüste	Der Iran hat mehrere Wüsten. Besonders interessant ist Dascht-e Kawir, die große Salzwüste im Hochland Es gibt touristische Angebote durch die Kawir-Wüste, allerdings sollte man aufgrund der extremen Temperaturen nicht in den Sommermonaten in die Wüste reisen.
Yazd	Eine der schönsten und ältesten Städte im Iran. Sie ist berühmt für ihre Windtürme, mit denen in den Häusern für kühle Luft gesorgt wird. Außerdem ist sie bekannt für ihre feine Seide und die schönen Teppiche, die von hier kommen. Das Wasser in den Häusern kommt aus den Bergen und wird über ein uraltes Kanalsystem in die Stadt geführt. Yazd ist komplett aus Lehm gebracht und hat dadurch eine ganz besondere Farbe. In den vielen Gassen in der Altstadt kann man stundenlang herumlaufen.
Ghazwin	Etwa 180 Kilometer von Teheran entfernt, liegt Ghazwin (auch: Qazvin). Die Stadt hat eine mehrere tausend Jahre alte Geschichte und sehr viele historische Gebäude aufzuweisen, zum Beispiel die wunderschöne Freitagsmoschee, die zum größten Teil aus dem 12. Jahrhundert stammt, andere Teile sind sogar noch älter.
Hamadan	Eine Großstadt im Westen des Iran, in der sich die Grabstätte des großen Gelehrten Ibn Sina (Avicenna) befindet. Außerdem liegt das Grab Esthers hier, wohin viele Juden pilgerten. In der Provinz Hamadan, etwas außerhalb der Stadt, liegen die Ali-Sadr-Höhlen, ein Millionen Jahre altes Höhlensystem, in dem Wasser steht, so dass man mit Booten auf Erkundungstouren gehen kann.
Susa	Im Süden, in der Nähe des Persischen Golfs, liegt die Stadt Susa, die nicht nur die älteste Stadt des Iran ist, sondern auch einer der ältesten, durchgehend bewohnten Städte der Welt, sie wird bereits in der Bibel erwähnt. Wegen der Hitze im Sommer sollte man Susa am Besten im Winter besuchen. Die Stadt ist sehr faszinierend: Geht man die vielen Treppen hinunter, landet man sozusagen in der Vergangenheit und kann die unterirdischen Gräber besuchen.

Die Stadt Yazd

Amir Chakhmaq Complex in Yazd

Lebensweise

Perser mögen gutaussehende und gepflegte Menschen. Falls man einen Vorstellungstermin hat, ist es sehr wichtig, wie man sich anzieht, welche Uhr man trägt und welches Handy man bei sich hat. Frauen achten darauf, einen eleganten Mantel und ein besonderes Kopftuch zu tragen, zum Beispiel solche von bekannten Marken wie Hermès oder Versace.

Iraner sehen gut aus, und manchmal denke ich, wenn es nicht so viele Vorurteile gegen Iraner gäbe, könnten die schönsten Schauspieler, Top-Models, Moderatoren und viele andere Stars aus dem Iran kommen. Wir haben viele Clooneys und viele Angelina Jolies.

Die Perser sind vielseitig kreativ. Viele können malen, singen, schreiben, dichten und vieles mehr. Dass viele Perser dichten können, erlebe ich oft, zum Beispiel bei meiner Mutter, meiner Tante, meiner Schwester oder auch bei Freunden. Auch mein Vater liebte es zu dichten. Sogar in Geschäften hört man oft, dass Perser Gedichte in ihre Unterhaltungen einbringen.

Das wertvollste an Persien sind nicht Öl oder Gas, auch nicht Bodenschätze und Kulturstätten; nein, die Perser selbst sind wahre Schätze des Landes. Die meisten von ihnen sind sehr intelligent und verantwortungsvoll gegenüber ihrem Volk und ihrer Heimat.

Sie sind anspruchsvoll und fleißig und anpassungsfähig, und wenn man ihnen die Gelegenheit bietet, machen sie was daraus. Wie oft versuchten andere Völker, sie in die Knie zu zwingen; Griechen, Araber, Türken, Mongolen, später Russen, Engländer, Franzosen und Amerikaner, bis heute noch. Doch die Perser sind immer wieder aufgestanden.

Wenn ich eingeladen bin und die Gastgeber erfahren, dass ich im Ausland lebe, bieten sie mir aus Höflichkeit ihre selbst gebrauten Biere und Weine an. Jede Art von Alkohol ist im Iran streng verboten, der Konsum und der Verkauf. Deswegen brauen viele Bier und Wein zu Hause. Sie denken, weil es Alkohol im Ausland überall zu kaufen gibt, dass wir, da wir im Ausland leben, täglich Alkohol konsumieren. Das Bier, das sie selbst brauen, riecht wie Bier und hat auch die Farbe von Bier – aber es ist ein Saft mit sehr viel Zucker.

Auch Wein sieht wie Wein aus, riecht aber nach Essig und schmeckt genauso grauenvoll wie das iranische Bier. Es ist immer wieder sehr amüsant, wenn die Gastgeber mich an dem gesüßten Saft riechen lassen und dann gespannt und ungeduldig auf meine Reaktion warten – und auch auf meine Komplimente und Lob. Aber was soll ich ihnen antworten? Dass ich durch den Genuss dieser Getränke meine Gesundheit gefährden würde?

Ich erinnere mich, dass ich einmal meine Freundin anrief. Der Mann, der das Gespräch entgegennahm und den ich bat, mir meine Freundin zu geben, antwortete mir lachend am Telefon: „Bitte sprechen Sie sich mit mir aus, als ob ich ihre Freundin wäre, ich werde ihnen zuhören und ihnen Tipps geben, genauso gut wie ihre Freundin." Wie ich daraufhin feststellte, war ich falsch verbunden. Er hatte sich die Zeit für einen Scherz genommen und sich dabei köstlich amüsiert.

Meine Schwägerin mag meine Stimme, und als ich eines Tages angefangen hatte, für sie zu singen, machte sie alle Fenster auf, weil sie wollte, dass die Nachbarn es auch genießen konnten. Ein paar Minuten später kam ihre Nachbarin mit einem Teller frischen Gebäcks, was mich sehr erfreute. In Deutschland traue nicht mal ich mich so recht zu üben, denn ich fürchte, die Nachbarn würden mich eher mit der Polizei besuchen als mit frischem Gebäck.

Iraner sind allgemein sehr geschäftstüchtig und könnten mittlerweile wahrscheinlich auch einem Eskimo einen Kühlschrank verkaufen. Auf die Frage, ob Wissen oder Reichtum wichtiger ist, antworten sie heute im Gegensatz zu früher, dass es natürlich bedeutender sei, reich zu sein.

Es gibt überall auf der Welt „Ja" oder „Nein". Auch im Iran. Hier gibt es aber noch eine zusätzliche Variante: „Kommen Sie bitte vorbei, wir werden einen Weg finden." Und sie finden tatsächlich einen Weg, auch wenn es erstmal aussichtslos erscheint. Hier gibt es kein absolutes „Nein" – vor allem nicht, wenn es um Geschäfte geht. Es gibt immer eine Lösung.

Als ich einmal bei einem Perser mein großes Bedauern über weitere Sanktionen gegen den Iran ausdrückte – es ging um den Einlieferungsstopp von Lebensmitteln, Medikamenten und Narkotika – sagte dieser nachdenklich aber ruhig und gelassen zu mir: „Seien Sie nicht traurig, die Perser finden ihren Weg, sie brauchen nur ein wenig Zeit." Für dieses Durchhaltevermögen zolle ich den Persern meine Hochachtung.

Die Perser kaufen gerne, sparen selten, zeigen gerne, was sie besitzen, und sie sind stolz darauf. Sie möchten immer das Neueste haben und, wie sie selbst sagen, auch das Beste. Dadurch ist das Land optimal geeignet für den Handel; optimal, um Geschäfte zu machen. Wird man in Teheran eingeladen, hört man oft: „Der Kuchen ist vom besten Geschäft in Teheran, der Tee hat die beste Qualität, das Fleisch ist vom vertrauenswürdigsten Metzger und das Obst vom besten Garten in Teheran." Nur das Beste zählt. Daher sind auch die Produkte aus Deutschland sehr beliebt.

Perser reden oft viel und mischen sich mit Vorliebe in fremde Angelegenheiten ein; sie lügen öfter einmal und schwören dann zehnmal auf das, was sie sagen. Sie schimpfen häufig und verfügen über einen großen Wortschatz an Schimpfwörtern passend zu jeder Situation. Auch mögen sie keine negativen Prognosen, zum Beispiel, wenn es um ein Erdbeben in Teheran geht oder über eine Epidemie berichtet wird.

Und auch das `Fragen´ ist eine typisch persische Ange-
wohnheit: schon nach einem kurzen Kennenlernen kommen sehr persönliche Fragen wie zum Beispiel „Wie alt bist
Du?", „Wieviel verdienst Du?" oder „Behandelt Dich dein
Mann gut?" – man muss stets ein Stoppschild bei sich haben.

Iraner lieben Musik. Überall ist Musik zu hören – im Taxi,
in den Geschäften und Restaurants. Oft sieht man, wie sich
sogar Babys rhythmisch zur Musik hin und her bewegen,
dabei strahlen und lächeln, noch ganz ohne Zähne. So süß.
Bauarbeiter bringen morgens ihre Musikanlage mit und
gestalten sich ihre harten Jobs dadurch etwas angenehmer.
Manchmal singen sie laut mit und beim Vorübergehen hört
es sich gut an, vor allem da auch schöne Stimmen dabei
sind. Von der Nachbarschaft werden sie dafür mit einem
warmen Mittagessen belohnt.

Ein Treffen wird fast immer damit abgeschlossen, dass
musiziert wird. Nach dem Abendessen sitzen sie noch zusammen und jeder trägt etwas dazu bei, dass sich alle
wohlfühlen. Das kann auch beinhalten, dass zum Anden-
ken an einen geliebten, bereits verstorbenen Menschen in
ruhiger und besinnlicher Atmosphäre gesungen, musiziert
oder auch gedichtet wird. Dann werden prachtvolle Gedichte weltberühmter persischer Dichter rezitiert, zum Beispiel von Hafis, Omar Khayyam, Saadi, Abū ʾl-Qāsim Fir-
dausī und von weiteren bekannten Poeten. Kinder sind
immer ganz selbstverständlich mit dabei und dichten mit.
So bekommen sie bereits von Kindesbeinen an die persische Kunst und Kultur mit.

Viele Perser fangen ihren Tag mit einem Gedicht von Hafis (persisch: *Hafez*) an. Sie schließen die Augen, bitten im Gebet um die Segnung seiner Seele und schlagen dann mit noch geschlossenen Augen seinen Gedichtband auf. Das ausgewählte Gedicht lesen sie laut vor. Sie sind fest davon überzeugt, dass die Seele des Dichters in seinen Gedichten, alle Geschehnisse des kommenden Tages vorherzusagen vermag.

Unfassbar? Mystisch – sehr oft bewahrheitet sich, was im Gedicht steht.

Gedichte von Hafis sind positiv und bescheren den Lesern täglich gute und positive Gedanken. In nahezu jedem Haushalt liegt ein Gedichtband von Hafis. Perser sagen nach der Nennung seines Namens: *„Rohat shad"*. Übersetzt bedeutet dies, „gesegnet sei deine Seele" oder „in Glück und Freude sei deine Seele".

Es amüsiert mich köstlich, wenn die Perser Tango tanzen: Sie improvisieren diesen Tanz. Dabei bewegen sie sich langsam hin und her, mit ganz einfachen Schritten, das Ganze ohne richtige Hand-, Arm- und Kopfhaltung und dabei wird einem dann auch noch auf die Füße getreten. Ich glaube, das einzige Land, in dem man ohne Tanzunterricht Tango tanzen kann, ist Iran. Das Einzige, was bei diesem Tanz stimmt, ist nur der Begriff Tango.

Perser sind stolz, stolz auf ihre glorreiche alte persische Medizin. Der erste Arzt und Chirurg stammt aus Persien: bekannt unter dem Namen Ibn Sina. In Europa wird er

Avicenna genannt und wurde dem breiteren Publikum durch den Roman von Noah Gordon „Der Medicus" bekannt. Er lebte von 980 bis 1037 und machte sich nicht nur als Vater der persischen Medizin und der Chirurgie einen Namen, sondern war ein Universalgelehrter, der zum Beispiel auch philosophische Schriften veröffentlichte. Er schrieb auch das „Buch der Heilung", in dem es nicht nur um Medizin geht, sondern auch um Psychologie, Astronomie und andere Wissenschaften.

Die allermeisten Familien wünschen sich für ihre Kinder, dass sie einmal Ärzte werden. Es gibt viele andere berühmte Wissenschaftler aus Persien, doch kein anderer Beruf steht auch nur annähernd so hoch im Ansehen wie der des Mediziners.

Der Arzt al-Razi, der 865 in der Nähe von Teheran geboren wurde, erfand den Alkohol, also das Ursprungsformat für alle alkoholischen Getränke. Razi selbst starb in Armut. Heutzutage verdienen zahlreiche Firmen am Alkohol, der auch eine wichtige Voraussetzung für die Herstellung von Duftstoffen und damit auch für Frauen sehr bedeutsam ist.

Omar Khayam dagegen gilt als Erfinder des genauesten Kalenders, dieser heißt „*Jalali*"; für die berühmte deutsche Pünktlichkeit war das also eine ganz bedeutende Entdeckung.

Perser blicken mit Stolz auf ihre Kunst und Kultur und darauf, dass die Erklärung der Menschenrechte persische Wurzeln hat und bereits aus dem Jahr 538 vor Christus von König Kourosh, Herrscher über das Land Persien, stammt. Viele persische Familien nennen ihre Söhne Kourosh, aus

Dankbarkeit und Respekt für ihren alten König und Herrscher.

Einer meiner Brüder heißt ebenfalls Kourosh. Er ist als Facharzt in Berlin tätig und scheint einfach alles über die persische Kultur und Geschichte zu wissen. Er ist sich der Herkunft seines Namens bewusst und trägt in seinem Handeln in jeder Hinsicht Verantwortung für die Bedeutung, die dieser Name beinhaltet.

Er erzählte mir von einer Begegnung mit einem Patienten, der in einem gesundheitlich sehr schlechten Zustand in die Klinik eingeliefert wurde. Der Patient fragte besorgt, aus welchem Land er stamme. Mein Bruder antwortete ruhig: „Ich bin Perser." Der Patient drückte ihm daraufhin seine Hände fest und sagte: „Herr Doktor, ich freue mich, dass ich in guten Händen bei ihnen bin."

Im Iran suchen die Eltern immer bedeutende Namen für ihre Kinder aus, eher klassische als moderne Namen. Sie sind der Ansicht, dass Namen für Erfolg und Glück im Leben eine große Rolle spielen.

Jemand der Kourosh heißt, hat einen ganz anderen Lebenslauf als Jemand der Gholam heißt; das ist ein arabischer Name und bedeutet Sklave oder Bettler.

Auch ich bin davon überzeugt und beobachte und vergleiche immer wieder die Namen und Lebensläufe von Menschen, die ich kenne. Ich hatte zum Beispiel eine Freundin, die mit Vornamen Dana hieß (das bedeutet „wissend") und sie war die Beste in der Schule, eine andere hieß Diana (das ist die Göttin der Jagd) und sie wurde

Headhunter und der Dermatologe meiner Mutter heißt Pusti, das bedeutet „Haut".

Es gibt noch viele weitere solche Beispiele und viele weitere schöne Vornamen. Darius war ein persischer Herrscher im fünften Jahrhundert vor Christus, Jasmin ist die Blume und das Sinnbild der Liebe, Shirin heißt „die Süße, Schöne, Angenehme" und Anush oder Anushka bedeutet „unsterblich, ewig". Mein Vorname ist eigentlich Susan Dokht und das ist ein alter herrschaftlicher Name – da ist also die Assoziierung zur Prinzessin (ich bin die einzige europäisch-persische Prinzessin).

Bei vielen Völkern ist es üblich, Kindern einen Namen mit bestimmter Bedeutung zu geben, der den Lebensweg des Kindes positiv beeinflussen soll oder etwas über die Geschichte der Familie aussagt.

Perser lieben warme und gemütliche Räume. Als ich nach Deutschland kam, gab es keinen Raum, der für mich warm genug war. Wenn ich in Deutschland bei anderen Leuten eingeladen war, fror ich oft. Nachdem die Räume endlich warm waren, öffneten sie leider wieder Türen und Fester mit den Worten: „Wir brauchen frische Luft und Sauerstoff." Ich fand, dass das alles andere als gemütlich war.

Mittlerweile habe ich mich daran gewöhnt, dass in Deutschland großer Wert auf frische Luft gelegt wird. Wenn ich nun wieder in Teheran bin, möchte ich als Erstes dort ebenso die Türen und Fenster öffnen. Sie brauchen doch auch frische Luft, denke ich mir. Aber oft geht es nicht, und, um Diskussionen zu vermeiden, gehe ich selbst an die frische Luft. Allerdings ist die Luft in Teheran eher sauerstoffarm – und von frischer Luft kann man eigentlich nicht sprechen.

Als ich vor ein paar Jahren mit meinen Kindern nach Zypern reiste, sah ich, dass Menschen im Meer schwammen, obwohl es erst Anfang Mai war.

Daraufhin ging ich zur Information, um zu fragen, ob ich mit meinen Kindern ins Wasser gehen könne, ob das Wasser warm genug sei. Die Frau an der Rezeption erkundigte sich, aus welchem Land wir kämen.

Bevor ich antworten konnte, sagte sie: „Ach ja, Deutsche. Sie können ins Wasser gehen. Für alle anderen ist das Wasser zu kalt. Die Personen, die Sie im Meer schwimmen sehen, sind alle aus Deutschland."

Meine Geschwister

Ich habe zwei Schwestern und vier Brüder. Meine eine Schwester hat Politik studiert, die andere Finanzen (sie ist jetzt Chefin einer Bank in Los Angeles).

Alle meine Brüder sind Fachärzte oder Chirurgen und leben verstreut in Teheran, Berlin, Los Angeles und Zürich. Sie gehen ihrer Profession mit viel Liebe nach, bilden sich kontinuierlich fort und sind stets über alles gut informiert. Ich nenne sie gerne „lebendige Googles", weil sie wirklich über alles Bescheid wissen. Sollte ich eine Frage zur Politik, Wirtschaft oder Geschichte haben, rufe ich sie an, vor allem meinen Bruder, der in der Schweiz lebt, weil er leichter zu erreichen ist. Er erklärt mir alles mit Freude und Gelassenheit und manchmal ist er schneller als Google.

Darüber hinaus ist er auch sehr humorvoll. Er erzählte mir einmal folgende Anekdote:

Während seiner Nachtschicht im Krankenhaus - er arbeitet als Augenchirurg - geschah es, dass ihn ein Patient um Mitternacht aufsuchte. Eigentlich hatte mein Bruder vermutet, dass es eine ruhige Nacht werden würde. Der Patient hatte eine Nadel im Auge. Mein Bruder kümmerte sich um ihn und fragte ihn dann: „Mein lieber Patient, um zwölf Uhr nachts liegt ein Mann entweder im Bett oder er macht es sich mit seiner Frau oder Freundin gemütlich.

Oder er besucht ein Konzert oder eine Theatervorstellung. Sagen Sie mir bitte, um Gottes Willen, wie kommt um diese Uhrzeit eine Nadel in ihr Auge?"

Der Patient flehte meinen Bruder an, ihn nicht zum Lachen zu bringen, weil sonst alles noch mehr wehtun würde.

Eine andere Episode stammt von meinem Bruder, der in Los Angeles als Anästhesist tätig ist. Er kam sehr spät und müde nach Hause, setzte sich neben seine Lebensgefährtin, die ihn ständig bat: „Bitte erzähle mir etwas Schönes, etwas Lustiges. Bitte, ich war doch den ganzen Tag zu Hause, du musst mich aufmuntern!"

Mein Bruder antwortete gelassen und mit seiner angenehmen Stimme: „Aufmuntern? Meine Liebe, weißt du noch immer nicht, was ich tue? Ich bin doch Anästhesist…"

Meine Schwester Katayoun hatte sich einmal zu einem Schwimmwettbewerb für Frauen angemeldet und ich fuhr mit ihr zusammen dorthin. Wir waren voller Freude und gespannt, wie gut sie den Wettkampf meistern würde.

Meine Mutter blieb zu Hause und wir wussten, dass sie voller Erwartungen war. Schon immer verlangte sie von uns, auch heute noch, obwohl wir alle nicht mehr die Jüngsten sind, dass wir uns fast täglich bei ihr melden, um irgendeinen Erfolg zu vermelden. Ganz nach einem alten persischen Spruch „Lernen von der Wiege bis zur Bahre. Es ist nie zu spät, um etwas zu lernen."

Nachdem wir beim Wettbewerb angekommen waren, hörten wir, dass nur vier Teilnehmerinnen inklusive meiner Schwester teilnehmen konnten. Es stand in Frage, ob deswegen der Wettbewerb überhaupt stattfinden könne. Nach langer Diskussion und vielem Hin und Her fand der Wettbewerb dann doch statt. Meine Schwester war ein bisschen aufgeregt, vor allem machte sie sich Sorgen wegen der hohen Erwartungen meiner Mutter. Sie wollte unbedingt gewinnen. Leider schied sie jedoch vorzeitig aus und landete auf dem letzten Platz.

Als wir nach Hause fuhren, war sie ganz still. Ich traute mich nicht, etwas zu sagen. Niemand außer mir wusste, dass nur vier Teilnehmerinnen inklusive meiner Schwester an dem Wettkampf teilgenommen hatten. Zu Hause angekommen, lief unsere Mutter uns mit einem Fragezeichen im Gesicht entgegen. Plötzlich fand meine Schwester ihre Stimme wieder und rief mit absolutem Selbstbewusstsein laut: „Mami, Mami, ich habe den vierten Platz gemacht!"

Meine Mutter schaute mit gesenktem Kopf zu Boden und sagte: „Ja ... okay, der vierte Platz ist nicht berühmt. Aber immerhin, du hast nicht verloren." Ich musste heimlich grinsen. Vielleicht weiß meine Mutter, wenn sie mein Buch gelesen hat, dann doch Bescheid.

Vor ein paar Jahren, als ich in Amerika meine Schwester Katayoun besuchte, beobachtete ich, wie sie ganz früh morgens zu ihrem Auto lief und zur Arbeit fahren wollte. Ihr kleiner Sohn Ario sah seine Mutter von seinem Zimmer aus, öffnete das Fenster und begann zu weinen.

Meine Mutter nahm ihn in den Arm und sagte: „Lieber Ario, deine Mutter muss zur Arbeit gehen, um deine Wünsche zu erfüllen, um für dich schönes Spielzeuge kaufen zu können und bald mit dir nach Disneyland zu fahren. Sie muss für alles das Geld verdienen und daher zur Arbeit gehen."

Ario schrie daraufhin aus dem Fenster: "Go, go Mum go ahead, please! Faster!"

Glauben sie mir, meine Familie ist nur eine von Millionen persischen Familien und wir sind keine Ausnahme. Von dem Moment an, in dem ich in das Flugzeug einsteige, amüsiere ich mich; solange, bis ich wieder zurück in Deutschland bin.

Ich weiß nicht, woher die Perser ihre enorme Lebensfreude und unbändige Energie hernehmen – gleichwohl sie ebenso große Probleme wie viele andere Menschen auf dieser Welt haben.

Kaugummi als Landeswährung

Ich amüsiere mich immer wieder unendlich, wenn ich an der Kasse in einem Supermarkt bin und statt des Wechselgelds ein paar Kaugummi, Streichhölzer oder Schokolade in die Hand gedrückt bekomme und das so selbstverständlich, als würden diese kleinen Dinge zur Landeswährung gehören. In der Apotheke bekommt man als Wechselgeld gelegentlich Pflaster oder Halsbonbons, auch wenn man gar keinen Husten hat. Jeder kennt die Preise von Schokolade und Kaugummi und akzeptiert diese Vorgehensweise. Ich habe nicht ein einziges Mal erlebt, dass sich jemand darüber beschwert hätte. Im Gegenteil, es hilft dabei, dass man nicht so lange in der Schlange warten muss.

Viele Leute haben zuhause in der Küche einen Korb voll mit solchen kleinen Dingen stehen, die man irgendwo als Wechselgeld bekommen hat.

Ich freue mich jedes Mal über solche Improvisationen und über die unkomplizierte Art und Weise, wie meine Landsleute miteinander umgehen. Einmalig.

Ich kann mir gut vorstellen, was es für einen Aufruhr in Deutschland geben würde, wenn das hier jemand versuchen würde. „Was soll das? Was soll ich mit den Kaugummis??? Wo bleibt mein Restgeld?"

Kino

Auch der Besuch einer Kinovorstellung ist eine Geschichte für sich.

Man muss dazu wissen, dass viele persische Filme schön und bedeutungsvoll sind, aber für Europäer sind die Handlungen sehr langsam und dauern ewig. Minutenlang passiert nichts, die Kameras bewegen sich langsam und man muss gute Nerven haben, um einen Film bis zum Ende anzuschauen.

Neulich habe ich eine Empfehlung für einen Film bekommen. Ich hatte den Film besorgt und mich riesig darauf gefreut, nach langer Zeit mal wieder einen persischen Film zu sehen. Ich stellte das Telefon ab und fing an, konzentriert den Film anzuschauen. Allerdings – ich schaffte nur mit Mühe ein paar Minuten davon.

Nur in wenigen Filmszenen gibt es Musik, der Rest des Films ist still.

Der persische Film

Bei internationalen Filmfestivals haben persische Filme in den letzten Jahren oft hervorragende Bewertungen bekommen. Iranische Filmemacher wie Jafar Panahi, Majid Majidi, Asghar Farhadi oder Abbas Kiarostami werden häufig für den künstlerischen Anspruch ihrer Werke gelobt und mit Preisen ausgezeichnet.

Persische Filme handeln oft von einem sozialen Thema, sie geben dem Zuschauer Rat und Vorschläge, teilen Erfahrungen und dadurch, dass man keinen Sex oder erotische Szenen zeigen darf, nicht einmal Umarmungen, muss man die ganzen Emotionen mit Wörtern rüberbringen.

Die Kinos sind trotzdem meist gut besucht. Als ich zum ersten Mal seit vielen Jahren wieder in einem Kino in Teheran saß und der Film begann, wunderte ich mich sehr, dass das Licht im Kino nicht ausging, so wie ich das aus Deutschland kenne. Das Licht stört doch, weil der Film dann nicht gut zu sehen ist. Aber nein, in Teheran bleibt das Licht extra an. Es gibt sogar am Anfang und Ende jeder Reihe eine Lampe, um zu verhindern, dass Paare sich einander annähern, Händchen halten oder sich gar aneinander kuscheln.

Andere Länder, andere Sitten.

Not macht erfinderisch

Eines Tages, als ich in Teheran Nüsse kaufen wollte, sagte mir mein Bruder: „Bevor du etwas kaufst, gibst du dem Verkäufer ein gutes Trinkgeld, sonst bekommst du alte oder sogar schon angeschimmelte Nüsse."

Ich habe seinen Rat befolgt und zu meiner Verwunderung beobachtet, dass der Verkäufer die guten Nüsse nicht aus der Auslage im Laden nahm, sondern sie aus dem Keller holte.

Ich mache dem Verkäufer diesbezüglich keine Vorwürfe, die schlechte wirtschaftliche Lage macht die Menschen erfinderisch, sie suchen nach kleinen Lücken, um die Familie zu ernähren. Ähnliches kann man bei allen Arten frischer Lebensmittel wie Obst, Gemüse, Fleisch oder Fisch beobachten.

Über das Diskutieren

Führt ein Gespräch im Iran zu einer Diskussion, muss man von vorneherein wissen, dass es nicht einfach ist, jemanden von seiner eigenen Denkweise und Meinung zu überzeugen. Es kann gut sein, dass die Parteien immer lauter und hitziger werden und im Zweifelsfall sogar viele Schimpfwörter austauschen. Also gilt es, nicht unbedingt auf der eigenen Meinung zu beharren. Am besten ist es, zu lächeln und seine Meinung für sich zu behalten. Um starke Kontroversen zu vermeiden, hören Sie einfach nur zu oder versuchen Sie das Gespräch auf ein anderes Thema zu lenken.

Auch sollten Sie nicht alles wörtlich ins Persische übersetzen. Ich erhielt zum Beispiel einmal beinahe eine Ohrfeige von einem schlechtgelaunten Verwandten, weil ich ihn immer wieder gefragt hatte: „Ist das dein Ernst? Meinst du das wirklich? Meinst du das ernst?"

Er antwortete: „Erstens bin ich ein Mann!" Männer im Iran denken, weil sie Männer sind, hätten sie automatisch einen Bonus und seien im Vergleich zu Frauen überzeugend genug. Dann fügte er weiter hinzu: „Zweitens, wann habe ich jemals etwas erzählt, dass ich nicht ernst meinte? Bin ich etwa ein Lügner?"

Also besser nicht wörtlich übersetzen. (Perser sind sehr empfindlich und schnell beleidigt.)

Mein Gott, es ist nicht einfach, gleichzeitig in zwei unterschiedlichen Welten und Kulturen zu leben. Als ich nach Deutschland kam, hörte ich von meinem Mann immer, dass ich im Gespräch meinem Gegenüber in die Augen schauen solle. Im Iran jedoch gilt es als hemmungslos, wenn eine Frau in die Augen eines fremden Mannes schaut.

Für mich geht das kurioserweise so weit, dass ich mich in Teheran wie eine Deutsche fühle und in Deutschland wie eine Perserin. Ich weiß nicht, warum das so ist.

Worte und Gedichte

Meine Geschwister und ich sind oft von meinem Vater aus der Schule abgeholt worden und manchmal gingen wir dann gemeinsam ins Kino, ins Museum oder auch in die Buchhandlung.

Mein Vater suchte Bücher aus und bevor er sich minutenlang in den Büchern vertiefte und alles um sich herum vergaß, gab er uns auch ein paar Bücher zum Durchblättern.

Seine Bibliothek zu Hause war fast vollkommen mit Büchern von persischen Persönlichkeiten gefüllt, zum Beispiel Firdausi, Saadi, Hafis, Khayam, Molana, Ganjawi, Shamse Tabrizi und so weiter.

Saadi

Saadi, geboren etwa im Jahre 1210, gilt als Vater der Gedichte. In der Eingangshalle der Vereinten Nationen sind die folgenden Zeilen von ihm zu lesen:

Die Kinder Adams sind aus einem Stoff gemacht,
als Glieder eines Leibs von Gott, dem Herrn, erdacht.
Sobald ein Leid geschieht nur einem dieser Glieder,
dann klingt sein Schmerz sogleich in ihnen allen wider.
Ein Mensch, den nicht die Not der Menschenbrüder rührt,
verdient nicht, dass er noch des Menschen Namen führt.

Als Kinder lernten wir so nach und nach diese Persönlichkeiten und ihre Werke kennen und wir waren sehr neugierig darauf zu erfahren, was in solchen Büchern stehen musste, dass Papi sich so dafür interessierte, vor allem für Saadi, seinen Lieblingsdichter.

Johann Wolfgang von Goethe

Auszüge aus „West-östlicher Divan", inspiriert durch Hafis:

Wer sich selbst und andere kennt,
Wird auch hier erkennen:
Orient und Okzident
Sind nicht mehr zu trennen.

****

Sinnig zwischen beiden Welten
Sich zu wiegen, lass' ich gelten;
Also zwischen Osten und Westen
Sich bewegen, sei's zum Besten!

****

Hör' ich doch in deinen Liedern,
O Hafis, die Dichter loben;
Sieh, ich will es dir erwidern:
Herrlich, den der Dank erhoben!

****

Und mag die ganze Welt versinken,
Hafis, mit dir, mit dir allein
Will ich wetteifern! Lust und Pein
Sei uns, den Zwillingen, gemein!
Wie du zu lieben und zu trinken,
Das soll mein Stolz, mein Leben sein.

Persien, Land der Dichter und Geschichtenerzähler

Hafis: Hafis wurde 1315 in Schiras, einer Großstadt im Süden des Iran, geboren. Hafis war eine Inspiration für den deutschen Nationaldichter Johann Wolfgang von Goethe. Der *Diwan*, das Werk von Hafis, das außerhalb des Irans am bekanntesten ist, diente Goethe als Orientierung für seine Gedichte in der Sammlung „West-östlicher Divan". In Weimar steht ein Denkmal, das aus zwei Stühlen besteht, die sich gegenüber stehen. Die Stühle stehen symbolisch für die Begegnung Goethes mit dem Werk von Hafis, den er einmal als „Zwillingsbruder im Geiste" bezeichnete. Das Denkmal wurde vom damaligen iranischen Staatspräsidenten Chatami bei seinem Besuch in Deutschland eingeweiht.

Firdausi: Firdausi (auch: „Pirouz Farsi" genannt) gilt als Retter der persischen Sprache, Farsi ist ein Nationalheld der Iraner. Er wurde im Jahr 940 geboren und lebte in einer Zeit, in der die religiösen Herrscher versuchten, die kulturelle Identität der Perser zu unterdrücken und stattdessen das Arabische durchzusetzen. Firdausi schrieb zahllose Gedichte, mit denen er es schaffte, die Geschichte, Sprache und Kultur der Perser zu erhalten und an die nächsten Generationen weiterzugeben. Sein Meisterwerk heißt „Schahname", dieses Buch findet man in jedem persischen Haushalt.

Rumi: Rumi ist so berühmt und beliebt, dass viele Länder behaupten, dass er ursprünglich von dort stammt, z.B. die Türkei und auch Afghanistan. Aber er ist Perser, alle seine Gedichte sind auf Persisch. Nachdem die Mongolen den Iran angegriffen hatten, flüchtete er aus dem Land uns lebte dann in Konya in der Türkei. Dort schrieb er seine Werke und dort ist er auch beerdigt worden. Das Rumi-Mausoleum in Konya ist das Mekka der Fans des Dichters.

Rumi: „Die Klage der Ney"

Höre auf die Geschichte der Rohrflöte, wie sie sich über die Trennungen beklagt:

"Seit ich aus dem Röhricht geschnitten wurde, hat meine Klage Mann und Frau zum Weinen gebracht.

Ich suche nach einer von der Trennung zerrissenen Brust, der ich meinen Sehnsuchtsschmerz enthüllen kann.

Jeder, der weit von seinem Ursprung entfernt ist, sehnt sich danach, wieder mit ihm vereint zu sein.

Vor jeder Gruppe in der Welt habe ich meine klagenden Noten gespielt, vor Unglücklichen und Frohen.

Jeder hat sich für meinen Freund gehalten, keiner hat meine inneren Geheimnisse gesucht.

Mein Geheimnis ist nicht weit von meiner Klage entfernt, doch es fehlt dem Auge und dem Ohr an Licht.

Der Körper wird nicht von der Seele verhüllt, die Seele nicht vom Körper, doch niemand darf die Seele sehen."

Diese Töne der Rohrflöte sind nicht aus Wind, sondern aus Feuer; wehe dem, der dieses Feuer nicht besitzt.

Das Feuer der Liebe ist in der Flöte, die Glut der Liebe liegt im Wein.

Die Flöte ist der Freund all derer, die von ihrem Freunde getrennt wurden; ihre Melodien zerreißen unsere Schleier.

Hat man jemals ein Gift und Gegengift wie die Flöte gesehen?

Hat man je einen Verehrer und Liebenden wie sie gesehen?

Die Flöte erzählt von dem blutigen Pfad und berichtet über Maǧnūns Leidenschaft.

Vertraut mit dem Sinn ist nur der Sinnenlose, die Zunge hat nur das Ohr zum Kunden.

In unserem Leid sind die Tage vergangen, unsere Tage reisen Hand in Hand mit den brennenden Schmerzen.

Wenn unsere Tage auch vergehen, lasse sie ziehen, es macht nichts, mögest Du nur bleiben, denn nichts ist heiliger als Du!

Nur ein Fisch wird nie von seinem Wasser satt; wer sein täglich Brot nicht hat, findet den Tag lang.

Das Unreife kann den Zustand des Reifen nicht verstehen, deshalb muss ich mich kurz fassen, lebe wohl!

O Sohn, sprenge deine Ketten und sei frei! Wie lange willst du noch von Silber und Gold gefangen sein?

Wie viel kann ein Krug aufnehmen, wenn du das Meer in ihn füllst? Einen Tagesvorrat.

Der Krug, das Auge des Begierigen, wird niemals voll; die Muschel wird erst mit Perlen gefüllt, wenn sie zufrieden ist.

Von Begierde und Unvollkommenheit wird nur gereinigt, wem eine mächtige Liebe das Gewand zerrissen hat.

Heil dir, o Liebe, du bringst uns Gewinn - du bist der Arzt für alle unsere Krankheiten,

Die Medizin gegen unseren Hochmut und unsere Ruhmsucht, unser Plato und unser Galen!

Die Liebe ließ den irdischen Leib zum Himmel schweben, der Berg begann zu tanzen und zerbarst.

Die Liebe inspirierte den Berg Sinai, O Liebender, sodass Sinai trunken wurde und Moses ohnmächtig niederstürzte.

Wäre ich mit der Lippe meines Geliebten verbunden, würde auch ich wie die Flöte alles erzählen.

Doch wer getrennt von dem ist, der seine Sprache spricht, wird stumm, selbst wenn er hundert Lieder kennt.

Wenn die Rose vergangen und der Garten dahin ist, kannst du die Geschichte der Nachtigall nicht mehr hören.

Der Geliebte ist alles, der Liebende nur ein Schleier; der Geliebte ist lebendig, der Liebende tot.

Um wen sich die Liebe nicht kümmert, der ist wie ein Vogel ohne Flügel; wehe dem Armen!

Wie könnte ich voraus oder zurück schauen, wäre nicht das Licht des Geliebten vor und hinter mir!

Die Liebe will, dass dieses Wort ausgesprochen wird; wie kommt es, dass der Spiegel nicht reflektiert?

Weißt du, warum der Spiegel deiner Seele nichts widerspiegelt? Weil der Rost nicht von seiner Oberfläche entfernt wurde.

O meine Freunde, hört diese Geschichte; in Wirklichkeit ist sie das Wesen unseres inneren Zustandes.

Taxi

Über Taxis und Taxifahrer in Teheran gibt es viel zu erzählen. Es gibt zwei Arten von Taxis – private Taxis und Gemeinschaftstaxis – und natürlich berechnen sie auch unterschiedliche Tarife.

Als ich nach längerer Zeit wieder nach Teheran geflogen war, konnte mich leider niemand vom Flughafen abholen, so musste ich mir ein Taxi nehmen. Schon von weitem sah ich am Taxistand viele Männer, die in einem Kreis zusammenstanden, Tee tranken, sich Witze erzählten, rauchten und auf Passagiere warteten. Sie lassen keine Minute vergehen, ohne sich schöne Witze, gute Erlebnisse zu erzählen und ihre Erfahrungen auszutauschen. Ich glaube, sie versuchen dabei die anstrengenden Arbeitsbedingungen – den Stau, die stinkige Luft, den schlechten Tarif, oft ohne irgendeine Krankenversicherung – zu vergessen und die freien Momente einfach miteinander zu genießen.

Unter den Taxifahrern finden sich oft gute Psychologen, denn sie verfügen über viel Menschenkenntnis. Schnell wissen sie, ob ein Fahrgast im Iran oder im Ausland lebt.

Wird man als Tourist erkannt, stellen die Taxifahrer einem sofort einen Wochenplan zusammen und informieren darüber, was man alles sehen und erleben sollte, solange man in der Stadt ist. Sie geizen mit ihren Informationen nicht, sagen, was wirklich gerade los ist, auf was man achten sollte oder wo man am besten essen kann. Diese Auskünfte geben sie, ohne die Fahrgäste zu fragen, ob sie diese überhaupt hören möchten. Sie reden einfach drauflos.

Auch Extrawünsche werden erfüllt: „Wo gibt es den besten Kaviar oder Safran zu kaufen, welcher Händler hat die schönsten Teppiche im Angebot?" Alles kein Problem, keiner kann so etwas besser beantworten als Teherans Taxifahrer.

In der Millionenstadt Teheran ist es unglaublich schwer und mitunter auch ziemlich gefährlich, sich mit einem Auto durch die Straßen zu bewegen. Die Taxifahrer halten sich selbst für „Michael Schumacher" und ich traue mich nicht mal fünf Minuten, dort zu fahren. Aber man darf die Taxifahrer nicht zu sehr loben, sonst fahren sie sogar auf der Autobahn rückwärts. Das habe ich selbst erlebt, als der Fahrer einmal eine Ausfahrt verpasste.

Allgemein ist der Straßenverkehr im Iran lebensgefährlich. Zwar gibt es (wahrscheinlich) Verkehrsregeln, diese werden aber bestenfalls als unverbindliche Empfehlungen angesehen. Also immer die Augen offenhalten und keine Panik. Auf einer vierspurigen Straße in Teheran fahren auch mal sechs Autos nebeneinander und es wird ohne Ende gehupt, auch wenn es unnötig ist. Man sieht überall und oft Autopannen, denn im Iran fahren viele klapprige Autos.

Kleinere Unfälle regeln die Autofahrer selbst, zum Beispiel mit Geld oder auch mit ein paar Schimpfworten. Sind die Autofahrer bereits älter und wollen Ärger vermeiden wie mein Vater, sagen sie einfach: „Fahr weiter!". Es ist einfach nicht möglich bei diesem Verkehrsaufkommen, den ständigen Staus, auf die Polizei zu warten, das würde nur zu noch größeren Staus führen.

Als ich einmal im Taxi saß, bemerkte ich, dass sich ein großes Loch im Boden befand, und ich befürchtete, dort meine Schuhe oder Tasche zu verlieren.

Ängstlich informierte ich den Fahrer, der mir betroffen antwortete: „Die Reparatur ist mir zu teuer. Aber auf der Seite befindet sich ein kleiner Teppich, damit können Sie das Loch abdecken."

Während der Fahrt hören sie gerne Musik und singen auch schon mal mit. Sie fragen jedoch selten, ob der Gast überhaupt Musik hören möchte. Das kann ganz schön anstrengend sein, vor allem dann, wenn man müde ist.

Taxis in Teheran sind klein und instabil. Daran, wie ich die Tür zum Taxi zuknalle, erkennen die Fahrer, dass ich im Ausland lebe. Warum? Einheimische wissen Bescheid, dass die Türen sehr leicht sind und gehen entsprechend behutsam damit um. Ganz anders als in Deutschland, wo ein Taxi meist ein Mercedes oder ein anderes großes Auto mit stabilen, schweren Türen ist. Einmal sagte mir ein Taxifahrer: „Wenn Sie die Tür nochmal so zuschlagen, fallen alle Türen raus!" Man muss die Türen vorsichtig zumachen, weil die Autos oft sehr klapprig sind.

Taxifahrer tun alles: Sie gehen einkaufen, tauschen Geld um, holen Essen ab, oder, sollte ein Gast einmal irgendetwas, irgendwo liegen gelassen haben, fahren sie dorthin, fragen, suchen und warten, falls notwendig, auch auf die zuständige Person. Sollte ein Auftrag einmal eilig sein, bestellen sie einen schnelleren Motorradfahrer.

Ich erledige vieles mit Hilfe der Taxis und bin sehr dankbar dafür. So kann ich mich erinnern, dass ich mich mal in einem großen Einkaufszentrum in eine Tasche verliebte, aber nicht genügend Geld bei mir hatte. So schickte ich ein Taxi zu meiner Mutter und wartete mit meiner neuen Tasche darauf, dass der Taxifahrer zurückkehrte. Er kam mit ziemlich viel Geld zurück. Dann wartete er auf seine kleine Taxigebühr. Ich hatte ihm vertraut, obwohl ich gar nichts von ihm wusste – nicht seinen Namen, keine Firma oder irgendwelche anderen Informationen zu seiner Person.

Und sie glauben an negative Energien und versuchen sich, vor diesen zu schützen. Sie möchten ihr Geld nicht auf eine unehrliche Art und Weise verdienen. Man liest oft die schönsten Sprüche auf den Fensterscheiben – über das Leben und die Liebe, den Glauben und über Gott. Manchmal ist auch das gesamte Familienalbum auf den Innenseiten der Autotüren abgebildet. Es macht mir große Freude, die Sprüche zu lesen oder die Fotos anzuschauen.

Überhaupt verhalten sie sich auch mit einem Passagier an Bord gänzlich ungeniert und tun so, als wären sie allein im Auto. Sie telefonieren am Steuer, sprechen über ihr Privatleben und kümmern sich nicht darum, ob dies die Fahrgäste vielleicht stören könnte. Ich halte es allerdings für gefährlich, bei dem immensen Verkehr während der Fahrt zu telefonieren.

Was ich sehr schön und lustig finde, ist, dass man im Taxi überall Geldscheine findet. Sie sortieren ihre Geldscheine nach ihrem Wert und platzieren sie überall. Die großen Scheine über dem Spiegel oder hinter der Sonnenschutzklappe, die kleineren findet man im Aschenbecher oder in den Ablagen der Tür. Dadurch können sie das Geld schnell wechseln beziehungsweise haben prompt die passenden Scheine zum Herausgeben zur Hand.

Teheran ist unendlich groß und so ist es ganz oft wirklich nicht einfach, eine Adresse zu finden. Die Taxifahrer benutzen keine Navigationsgeräte und trotzdem finden sie jede Adresse und bringen ihre Fahrgäste sicher überall hin. Davor habe ich großen Respekt.

Busse

Fernbusse im Iran sind auf modernstem, internationalem Stand und selten älter als zehn Jahre. Sie verfügen alle über Klimaanlagen.

In den Bussen reisen Männer und Frauen getrennt – die Sitzplätze sind aufgeteilt, in den vorderen Reihen sitzen die Männer und im hinteren Teil die Frauen. In der Mitte des Busses trennt eine Metallstange die Bereiche für Männer und Frauen. Hier bleiben die jungen Leute gerne stehen, um sich gegenseitig bewundern zu können.

Vor allem vormittags steht der vordere Teil der Busse leer, weil viele Männer an ihrem Arbeitsplatz sind. Der hintere Teil jedoch platzt nahezu aus allen Nähten. Die Frauen müssen stehen bleiben, wenn sie keinen Platz mehr finden – manchmal haben sie ihre kleinen Kinder auf dem Arm oder viele Einkaufstüten in der Hand. Inzwischen trauen sich vor allem ältere Frauen unter der Stange hindurchzugehen und auf den für die Männer reservierten Sitzen Platz zu nehmen. Die Busfahrer beschweren sich darüber nicht.

Einmal, als ich im Bus in der ersten Reihe saß, natürlich im Bereich der Frauen, stieg eine Frau mit zwei großen Taschen in den Bus ein. Sie stellte eine davon auf meinen Schoß und sagte: „Bitte halten Sie sie für ein paar Minuten." Dann öffnete sie die andere Tasche und präsentierte ihre Waren zum Verkauf – in diesem Fall war es Unterwäsche.

Sie zog ein Stück nach dem anderen aus ihrer Tasche und zeigte den Frauen BHs, Slips, Tangas sowie Strümpfe in jeder Farbe und Größe. Die Frauen schauten vorsichtig die angebotene Unterwäsche an. Sie trauten sich jedoch kaum, Fragen zur Qualität zu stellen oder die Teile anzufassen, um das Material zu begutachten. Vielleicht war es ihnen auch peinlich. Die Verkäuferin schrie herum und nannte ihre Superpreise für die BHs...

Wie bitteschön soll man in einem Bus einen BH anprobieren? Wie soll man sich für etwas Passendes entscheiden, vor allen Augen? Manche Frauen spendeten der Verkäuferin etwas, ohne zu kaufen, weil sie die junge Frau unterstützen wollten.

Es kommt relativ oft vor, dass man im Bus Vielerlei zum Kauf angeboten bekommt. Manchmal steigen kleine Kinder ein und bitten darum, ihre Waren zu kaufen: Küchenpapier, Kopfkissen, Handschuhe; eben das, was sie mit ihren kleinen Händen tragen können. Fragen der Passagiere möchten sie nicht beantworten, z.B. Nachfragen zu ihrem Alter oder warum sie nicht in der Schule sind.

Ein anderes Mal, als ich wieder in der ersten Reihe saß, bekam ich eine große Schachtel mit frischem Kuchen auf den Schoß verpasst mit der Bitte, gut darauf aufzupassen. Später, als der Platz neben mir frei geworden war, setzte sich die Frau neben mich, bedankte sich und öffnete die Schachtel, um mir etwas von ihrem Kuchen zu offerieren: „Bitte nehmen Sie! Der Kuchen ist sehr lecker und ganz frisch!"

Also, überlegen Sie sich gut, wenn Sie in einen Bus einsteigen, ob Sie in der ersten Reihe sitzen möchten. Die erste Reihe ist oft mit kleinen Aufgaben für den Passagier verbunden. Ich habe aber nie erlebt, dass sich jemand darüber geärgert oder beschwert hat. Die Leute helfen gern.

Tickets für eine Busfahrt kauft man nicht wie in Deutschland vor der Fahrt. Bezahlt wird in bar und nach der Fahrt. Dazu steht ein Mann beim Aussteigen vor der Tür und kassiert. Oft schafft er es jedoch nicht, alle abzukassieren, vor allem, wenn viele Passagiere auf einmal aussteigen. Es kommt auch vor, dass von den Menschen, die es sich nicht leisten können, der Fahrpreis mal nicht kassiert wird. Sollte der Kontrolleur einmal kein Wechselgeld haben, lädt der Passagier ein paar Leute um sich herum ein und bezahlt für alle mit. In diesen Situationen verstehe ich immer, was es bedeutet, Mitgefühl füreinander zu haben.

Meine lieben Landsleute: Ich liebe euch, weil ihr alles auf eine unkonventionelle, unkomplizierte Weise, ganz „easy", untereinander regelt. Ich bin stolz auf euch.

Fußgänger

Es gibt in Teheran zwar Zebrastreifen, aber das heißt keineswegs automatisch, dass Autofahrer für einen Fußgänger stehen bleiben. Wer schneller und mutiger ist, hat Recht.

Eines Tages hatte ich mich schick gemacht, um auszugehen. Als ich auf dem Weg war, hielt ein Autofahrer direkt vor mir an der Kreuzung an und ließ mir den Vortritt. Ich bedankte mich im Vorbeigehen dafür, dass er so höflich war und die Rechte der Fußgänger respektiere. Er rief zurück: „Nichts zu danken. Ich bremse nicht für jeden - es gibt solche und solche Fußgänger..."

Da erinnerte ich mich, dass ich kurz zuvor unseren Nachbarn, Herrn Tehrani, getroffen hatte. Er ging an einem Stock und hatte einen riesigen Gips am Fuß. Auf meine Frage, was ihm zugestoßen sei, schimpfte er: „In Bi Namusa. Sie sind mir über meinen Fuß gefahren, obwohl ich in einer Fußgängerzone unterwegs war."

Er fügte hinzu: „Meine Liebe, denke bitte nicht, dass hier Europa ist. Pass gut auf dich auf!" Und ich dachte, dann bin ich eine solche und er war ein solcher.

Kreuzung

Als ich eines Tages mit vielen Tüten an einer Kreuzung ankam, stellte der Polizist gerade die Ampel auf Rot.

Ich stöhnte offenbar sehr laut: „Oh nein, meine Tüten sind so schwer, ich möchte nicht warten."

Er sagte sofort: „Kein Problem, ich schalte wieder auf Grün."

Tatsächlich sprang die Ampel sofort um und er trug sogar meine Tüten auf die andere Seite der Straße.

Einmal freute ich mich besonders über eine Verabredung mit einer Freundin in Teheran. Wir waren an einer großen Kreuzung verabredet und hatten vor, shoppen zu gehen und in einem ganz kleinen, aber sehr feinen Café, etwas zu trinken. Vereinbart hatten wir 18 Uhr.

Im Iran wird es nicht gerne gesehen, wenn Frauen alleine und noch dazu an einer Kreuzung stehen und warten. Ich war pünktlich vor Ort – wie ich es aus Deutschland gewöhnt war - und wartete ein paar Minuten. Da einige Autos hupten und zum Teil sogar kurz anhielten, wurde ich nervös.

Die Situation war für mich kaum noch zu ertragen, so dass ich zum Verkehrspolizisten ging und fragte, ob ich neben ihm stehen darf – in der Mitte der Kreuzung. Ich erklärte dem Polizisten, dass ich auf meine Freundin warte. Er nickte. Einige Minuten später fragte er mich, ob ich ein Handy bei mir hätte. „Nein", antwortete ich. Er sagte nichts.

Als die Ampel Grün zeigte, pfiff er und hielt sein Stoppschild vor dem ersten an uns vorbeifahrenden Auto hoch. Der Fahrer hielt am Rand an und im Gegensatz zu Deutschland, wo man ruhig im Auto sitzenbleibt und wartet, sprang er sofort aus dem Wagen.

„Jenab Sarwan", sagte er, so werden Polizisten oft genannt, „was ist meine Schuld, war ich zu schnell? Verzeihen Sie mir, ich habe einen Termin, lassen Sie mich bitte weiterfahren, bitte!"

Im Iran werden kleinere Verkehrsdelikte nicht immer mit allen Arten von Strafzetteln geregelt. Häufig genügt es, wenn man sich entschuldigt und demütig verspricht, dass es nicht noch einmal vorkommen wird.

Mein lieber *Jenab Sarwan* fragte ganz ruhig und gelassen, ob er ein Handy bei sich habe, was der angehaltene Autofahrer bejahte.

„Okay, gut, wählen Sie bitte die Nummer von der Freundin dieser Dame", forderte er ihn auf und schaute mich an.

Ich teilte dem Fremden die Telefonnummer mit und er wählte ganz selbstverständlich die Nummer. Dann fragte er mich: „Wie heißt ihre Freundin?", als ob es die normalste Sache auf der Welt sei, dass er sich um mein Problem kümmere. *Jenab Sarwan* hatte seine Kreuzung total vergessen, hinter ihm herrschte inzwischen Chaos.

Der fremde Autofahrer fragte meine Freundin: „Frau Sepide, wo sind Sie? Frau Susan wartet ungeduldig auf Sie."

Sepide antwortete, dass sie noch etwa zehn Minuten brauchen würde. Und da sie nicht wusste, wer am Telefon war, fügte sie noch hinzu, dass er auch gerne mitkommen könne.

Der Autofahrer lachte und antwortete: „Nein danke. Ich habe was vor." Dann fragte er mich besorgt, ob er sonst noch etwas für mich tun könne und verabschiedete sich schließlich.

Endlich kam Sepide, aber leider fuhr sie in der entgegengesetzten Richtung und Wenden war verboten.

Der Polizist fragte mich: „In welche Richtung müsst ihr weiter?"

„Leider nach oben und sie muss umdrehen. Aber wo und wie?"

Da pfiff er wieder, alle Autos mussten stehen bleiben und Sepide konnte wenden. Dann öffnete er für mich die Beifahrertür und wünschte noch: „Gott sei mit euch." Keiner hupte, manche Fahrer lächelten sogar.

Als wir losfuhren, fragte mich Sepide ganz gespannt: „Wer hat mich angerufen?" Ich holte erstmal Luft und antwortete: „Ich weiß es nicht!"

Führerschein in Teheran

Ich erinnere mich noch gut daran, wie ich meine Führerscheinprüfung in Teheran mit Bravour bestand.

Nachdem ich ein paar Stunden Fahrunterricht hinter mir hatte, wurde ich zur Führerscheinprüfung zugelassen. Aufgeregt ging ich zur Prüfungsstelle. Ich wollte unbedingt beim ersten Mal bestehen. Nach einem „Guten Tag" und der Übergabe meiner Unterlagen stiegen wir ins Auto und fuhren los.

Auf unserem Weg gab es einen Kreisverkehr, ich sollte in diesen hineinfahren. Der Prüfer wollte testen ob ich wusste, wer in einem Kreisverkehr Vorfahrt hat.

Auf einmal schrie er: „Sehen Sie den großen Geldschein, der da auf dem Boden liegt?" Der Schein war damals etwa so viel wert wie 500 Euro. Ich nickte.

„Okay – fahren Sie schnell hin, und ausnahmsweise achten Sie nicht auf die Vorfahrt. Halten Sie so an, dass ich den Schein unauffällig aufheben kann."

Er dachte in diesem Moment nur an das Geld und hatte dabei meine Fahrprüfung total vergessen. Ich sollte, obwohl ich mich mitten in meiner Führerscheinprüfung befand, nicht auf die Vorfahrt achten.

„Okay", dachte ich, „ich tue es". Aber so was!

Also fuhr ich hin; genauso, wie er es von mir verlangt hatte. Ich hielt ganz nah neben dem Geldschein, er öffnete die Tür und hob ihn mit größter Freude auf. Er atmete erleichtert auf und steckte das Geld in seine Tasche.

Ganz freundlich sagte er dann zu mir: „Sie bekommen natürlich auch was davon."

Ich antwortete daraufhin: „Ich danke ihnen, aber Sie haben den Schein gesehen und es war auch Ihre Idee, sofort hinzufahren und es aufzuheben. Deswegen gehört das Geld Ihnen. Ich möchte nichts davon haben."

Er war für einen Moment still. Bestimmt dachte er, „Gott sei Dank".

Dann lächelte er mich glücklich an und sagte: „Herzlichen Glückwunsch, Sie haben die Prüfung mit Bravour bestanden. Wo wohnen Sie? Darf ich Sie nach Hause fahren?"

Wer bitteschön besteht gleich beim ersten Mal und in ein paar Minuten seine Führerscheinprüfung „mit Bravour" und wird dann auch noch nach Hause gebracht?

Taarof

„*Taarof*" gehört im Iran zu den höflichen Umgangsformen, ist überall anzutreffen, kann aber zu totaler Verwirrung führen und nervt manchmal. Ich kann dieses Wort nicht genau ins Deutsche übersetzten, diesen Begriff gibt es im Deutschen nicht. Am besten lässt sich dieses Phänomen an einem Beispiel erläutern.

Wenn Sie in einem Geschäft sind, etwas kaufen möchten und nach dem Preis fragen, dürfen Sie sich nicht über diese Antwort wundern: „Für Sie gar nichts. Sie können gerne erstmal die Waren mitnehmen und sich darüber freuen und dann reden wir über den Preis."

Oder wenn Sie mit einem privaten Taxi fahren und am Ziel fragen: „Was bekommen Sie?" Dann antwortet der Taxifahrer: „Für Sie doch gar nichts."

Das ist aber nicht wörtlich gemeint. Auch im Iran können Sie nicht, ohne zu bezahlen, einfach gehen. Aber es gehört zum höflichen Ton, dass man nicht sofort übers Geld spricht. Sicher – für die Einheimischen ist es angenehm, *Taarof* zu erleben. Solche Worte, solch ein Verhalten, das erwärmt die Herzen, auch wenn es nicht wörtlich zu nehmen ist.

Ein anderes Beispiel: Der Gastgeber wird seine Gäste sicher fragen, ob sie etwas zum Trinken oder Essen möchten.

Dann antworten die Gäste erstmal: „Nein danke", obwohl sie durstig sind oder vielleicht auch Hunger haben - weil sie den Gastgeber nicht sofort überfordern wollen. Der Gastgeber bringt aber dennoch etwas.

Ich finde, das nervt, und ich weiß häufig nicht, wie ich reagieren soll.

Eine beliebte, alte Geschichte

Es war einmal ein Wanderer.

Er machte sich eines Tages auf den Weg und sah eine Schlange, die in einem Feuer gefangen war, sie schrie nach Hilfe.

Er nahm einen Stock und befreite die Schlange aus dem Feuer.

Die Schlange wand sich um sein Bein und sagte: „Ich beiße dich."

Der Wanderer sagte daraufhin: „Auf Gutes folgt Gutes", doch die Schlange behauptete das Gegenteil. Sie einigten sich, gemeinsam weiter zu laufen, um einen Dritten danach zu fragen.

Sie sahen einen alten Baum, dem sie von dem Vorfall erzählten und fragten ihn nach seiner Meinung. „Lieber Baum, was folgt auf Gutes? Gutes oder Schlechtes?"

Er sagte: „Schlechtes, die Leute kommen zu mir, feiern und erholen sich unter meinem Schatten. Wenn sie mich wieder verlassen, hinterlassen sie Ihren Müll bei mir und ihre Kinder brechen meine Äste ab und nehmen sie mit."

Der Wanderer und die Schlange liefen weiter. Sie begegneten einem See, erzählten ihm das Ganze und fragten nach seiner Meinung. Er sagte: „Auf Gutes folgt Schlechtes. Die Menschen schwimmen im See, erholen sich an meinem Ufer und wenn sie mich verlassen, beschmutzen sie mich und werfen ihren Unrat in mein Wasser."

Der Wanderer und die Schlange liefen weiter und sahen einen Fuchs. Sie erzählten auch ihm alles und fragten nach seinem Urteil.

Er sagte: „So kann ich das nicht sagen, ich muss diese Situation erleben." Also entzündeten sie ein Feuer und warfen die Schlange hinein. Der Wanderer nahm wieder seinen Stock und versuchte, die Schlange aus dem Feuer zu befreien, doch der Fuchs verhinderte die Befreiung und sagte zum Wanderer: „Du hast doch gesehen, wie undankbar sie zu dir war. Lass sie sterben." Und sie verbrannte.

Der Wanderer ging weiter und begegnete auf dem Weg einem Jäger, der verzweifelt nach einer Beute suchte. Nachdem der Jäger den Wanderer gefragt hatte, ob er auf dem Weg einen Hasen oder ein Reh oder irgendein anderes Wild gesehen hätte, deutete der Wanderer mit seiner Hand und sagte: „Ich habe vor ein paar Minuten einen Fuchs auf diesem Weg laufen sehen."

Persische Küche

Da viele andere Möglichkeiten zur Unterhaltung wie Discos, Shows, ausländische Kinofilme oder ähnliches fehlen, geben die Perser ihr Geld gerne für Speisen und gute Restaurants aus.

Gehen die Iraner in ein Restaurant, dann um zu essen und nicht, um über Politik, Wirtschaft und das Wetter zu diskutieren. Während des Essens wird nur über den Geschmack, die Farbe, den Geruch und das Rezept der Speise gesprochen oder wohin sie das nächste Mal zum Essen gehen könnten.

Die persische Küche besteht zum weitaus überwiegenden Teil aus Gemüse und Kräutern, von denen es eine große Auswahl gibt. Ohne Zwiebeln, Knoblauch, Kümmel und Kurkuma geht nichts, allerdings werden Gewürze in der iranischen Küche im Gegensatz zu den Gebräuchen in einigen Nachbarländern nur zurückhaltend eingesetzt.

Auch bei den Getränken finden sich diese Vorlieben wieder: Iraner trinken gerne *Dugh*, ein leicht gesalzenes Joghurtgetränk, das häufig mit Gewürzen oder Kräutern verfeinert wird.

Vor vielen Jahren, als ich bei meiner Schwiegermutter zu Gast war, bat sie mich zu kochen, vielleicht etwas Persisches? Ich stimmte zu und betrat dann zum ersten Mal eine deutsche Küche. Ich suchte verzweifelt nach frischen

Zwiebeln, Knoblauch, Kräutern und schließlich nach Gewürzen, aber vergebens.

Ich holte meine Schwiegermutter in die Küche und sie sagte mir: „Wir verwenden keine Zwiebeln oder Knoblauch, aber Gewürze!" Sie deutete auf ein Regal über dem Herd, aber da standen nur Salz und Pfeffer.

Aber wie kochen die Deutschen denn? Bei uns gibt es fast kein Gericht ohne diese Zutaten, wir essen sogar bei manchen Gerichten rohe Zwiebeln - es gibt verschiedene Arten von Zwiebeln bei uns, eine Sorte ist süß und schmeckt herrlich. Meine Tochter liebt rohe Zwiebeln und immer -vor allem in chinesischen Lokalen- fragt sie nach rohen Zwiebeln, es ist meinem Mann manchmal peinlich.

Ich musste aufgeben. Ohne Zutaten kein Gericht. Wir mussten Essen bestellen.

Heutzutage braucht man einen extra Schrank für die Gewürze, es gibt aus aller Welt Cafés und Restaurants in jedem Stadtteil. Und es gibt eine große Auswahl an Lebensmitteln.

Dies sind alles Vorteile, die man von Immigranten hat - kulinarische Unterstützung. Also, meine lieben Deutschen, zumindest kulinarisch ist Euch geholfen worden.

Es gibt eben doch etwas Positives an den Immigranten und zwar in jeder Hinsicht, kulturell und kulinarisch.

Die Deutschen sprechen heutzutage öfter mehrere Sprachen und interessieren sich immer mehr für fremde Kulturen. Und auch der Baustil ändert sich langsam, Gott sei

Dank: Man baut öfter mit Terrassen und größeren Fenstern.

Architektur? Als Orientale leidet man, wenn man in einer deutschen Wohnung oder einem deutschen Haus leben soll. Zimmer ohne Schränke, kleine Küchen und Bäder auch ohne Farbe, ohne Flair, kleine Fenster, dunkel, keine Rundung oder Stuck an den Decken, selten Terrassen, es ist irgendwie nicht freundlich.

Im Orient hat man auch in armen Verhältnissen Respekt für Frauen und deren stundenlange Arbeit in der Küche. Die Küchen sind freundlich mit großem Fenster oder Zugang zum Garten, um zu verhindern, dass Dampf und Gerüche im Haus bleiben. Es ist bunt, es gibt viele Schränke, viele Gewürze, Kräuter, verschiedene Ölsorten und immer *Gee*. Das ist ein festes Öl, das für die Gerichte, die längere Zeit zum Kochen brauchen, verwendet wird.

Es kann aber auch damit zu tun haben, dass Perser sehr viel Wert auf das Essen legen. Essen gehört zur Kultur und außerdem macht gutes Essen gute Laune. Das Essen aus verschiedenen Kulturen kann die Menschen zusammenführen.

Eine wichtige Besonderheit der traditionellen iranischen Kochkunst ist die Klassifizierung der Lebensmittel in „heiß" und „kalt". Diese Bezeichnung bezieht sich allerdings nicht etwa auf die Temperatur oder die Zubereitungsweise der Produkte, sondern auf deren vermutete Auswirkung auf die menschliche Befindlichkeit. Iranische Köche sind immer darum bemüht, warme und kalte Lebensmittel so zu kombinieren, dass sie zueinander im Gleichgewicht stehen. In der Philosophie, die der persischen Küche zu Grunde liegt, geht man davon aus, dass es zu körperlichem und seelischem Unwohlsein, Beschwerden und sogar Krankheiten kommen kann, wenn man zu einseitig isst, also zu viel von einer Seite des Spektrums verzehrt. So geht man zum Beispiel davon aus, dass zu viele „kalte" Lebensmittel zu Depressionen führen können.

Zu den Lebensmitteln, die man als „warm" ansieht, gehören unter anderem Weizenbrot, Honig, Puten-, Enten- und Lammfleisch, Feigen, Trauben, Mandeln, Honigmelone, schwarzer Tee, Senf, Basilikum, Datteln, Erbsen, Bohnen, Kichererbsen und Eier.

Als „kalte" Lebensmittel gelten dagegen Malzbrot, Rind- und Hühnerfleisch, Mais, Fisch, Kopfsalat, Milchprodukte, Reis, Zucchini, Spinat, Pilze und fast alle Obstsorten.

Im Sommer isst man vorwiegend Joghurt und Gurken, Minze, Obst und Gemüse, aber nur wenig Gekochtes, dazu wird viel Tee getrunken, weil sich der Körper durch Schwitzen abkühlt.

Im Winter dagegen stehen viel Ingwer, Safrantee und deftiges Essen auf dem Speiseplan.

Einladung zum Essen

Wird man bei einer persischen Familie zum Essen eingeladen, bekommt man eine sehr gute Gelegenheit, etwas über das Land und die Leute zu erfahren. Es kann allerdings nicht schaden, wenn man sich vorher ein bisschen auskennt und weiß, was den Gast bei einer solchen Einladung erwartet. Zum Beispiel verabredet man sich für 20 Uhr zum Essen, die Gäste kommen aber häufig erst um 21 Uhr oder noch später, doch keiner beschwert sich und niemand fühlt sich veranlasst, eine Erklärung abzugeben.

Zur guten Sitte gehört, dass man weder durstig noch hungrig zu einer Einladung kommt, um den Gastgeber nicht vom ersten Moment an zu belasten. So gab uns unsere Mutter stets etwas zu essen, bevor wir zu einer Einladung gingen. Sie wollte nicht, dass wir dort ungeduldig werden, falls es mit dem Essen länger dauern sollte.

Die Begrüßung ist sehr herzlich und beinhaltet die im Iran üblichen drei Bussis. Im Gegensatz zu den Bräuchen in der westlichen Welt, in der die Frauen und Männer untereinander Bussis austauschen, kommt es oft auch zwischen Männern zu Bussis. So etwas ist beispielsweise in Deutschland kaum vorstellbar, im Iran ist es einfach ein Zeichen einer echten Männerfreundschaft.

Nach der obligatorischen Begrüßung begeben sich die Frauen routinemäßig zur Garderobe, um sich ihrer gesetzeskonformen Mäntel und Kopftücher zu entledigen. Dabei wird noch ein letzter Check hinsichtlich Frisur und Gesichtskosmetik vorgenommen, schließlich haben wir Frauen uns im Vorfeld viel Mühe gegeben, um schön auszusehen. Die Männer mögen es auch, daher ist das eine Win-Win-Situation. T-Shirt und Jeans sucht man vergeblich. Die Frauen ziehen ihre besten und neuesten Kleider an, oft übertrieben geschminkt. Das die Damen vorher ihre Haare im Salon frisieren lassen, versteht sich von selbst. Bei den Männern sind je nach Alter Hemd und Jackett gesetzt, wenn nicht sogar Anzug und Krawatte. Hinsichtlich der Garderobe kann man sich fast wie bei einer Hochzeit in Deutschland vorkommen.

Noch während sich die Damen zurechtmachen, haben sich die Männer gutgelaunt zusammengefunden und befinden sich in der fortgeschrittenen Smalltalk-Phase als Eröffnung für den bevorstehenden Abend. Nicht selten kommen zu diesen Partys 15-20 Personen aus jeder Altersgruppe. Das sind oft Freunde, Verwandte, Eltern, Geschwister, Oma, Opa, Kollegen; jung und alt, klein und groß. Das sorgt für eine unheimlich gemütliche und familiäre Atmosphäre, in der sich jeder wohlfühlt.

In Deutschland würde man erwarten, dass bei solch einer Party oder bei einem Abendessen erstmal ein Aperitif angeboten wird, bevor das Essen serviert wird. Hier bekommt man als erstes einen Tee und dazu Süßigkeiten als kleine Häppchen.

Findet man in Deutschland Obst in einer Schale in der Küche oder im Wohnzimmer zur Selbstbedienung, wird im Iran den Gästen Obst wie Kuchen serviert. Jedem Gast wird ein kleiner Teller zum Beispiel mit Orangen, Mandarinen, kleinen Gurken, Weintrauben, Bananen und Kiwi serviert. Der Inhalt des Tellers variiert je nach Jahreszeit. Weiter geht es mit einer Schale mit Nüssen, in der Pistazien nicht fehlen dürfen.

Wer jetzt damit rechnet, dass so langsam das Abendessen serviert wird, der irrt sich. Die Gäste werden erst einmal zu einem Vorspeisentisch gebeten. Dort befinden sich jede Menge kleine Leckereien, die liebevoll hergerichtet sind und meistens kalt serviert werden. Die Gäste bedienen sich selbst und nehmen kleine Appetithäppchen auf kleinen Tellern. Zu trinken gibt es auch, wer möchte, bedient sich.

Die Gäste unterhalten sich gut gelaunt und laut, die Kinder laufen herum. Oft wird Musik gespielt und getanzt. Die Perser lassen es sich generell an solchen Abenden sehr gut gehen. Es wird an nichts gespart und die Gastgeber geben sich größtmögliche Mühe, damit es den Gästen gut geht.

Nicht selten habe ich bei solchen familiären Treffen interessante Menschen kennengelernt, die mir bereitwillig in Kurzform ihre aufregende Lebensgeschichte erzählt haben. Die Stimmung ist oft sehr herzlich, auch unter denjenigen, die sich bisher nicht kannten.

Selten findet das eigentliche Abendessen vor elf Uhr statt. Serviert werden aber nicht nur ein oder zwei Gerichte als

Hauptspeise, sondern es werden mindestens vier oder fünf verschiedene Gerichte zubereitet und sehr ansehnlich und appetitlich auf großen Tabletts oder in großen Schüsseln serviert. Diverse Reiskreationen, persisches Brot und frische Kräuter kommen noch hinzu.

Auch hier werden die Gäste zu Tisch gebeten, um sich selbst zu bedienen. Aufgrund der großen Zahl der Gäste ist es oft kaum möglich, dass alle am Tisch Platz finden. Es wird viel gegessen, jeder wird satt. Es ist üblich, dass die Gäste mehrmals lautstark die Kochkünste der Gastgeber loben.

Das Hauptgericht ist der Höhepunkt und zugleich das Ende des Abends. Kaum ist das Abendessen zu Ende, verabschieden sich die ersten Gäste.

Getränke gibt es vor oder nach dem Essen, aber nicht während die Hauptmahlzeiten auf dem Tisch stehen. Begründet wird dies mit der alten Weisheit, dass Trinken beim Essen ungesund ist, weil dadurch die Verdauungssäfte verdünnt werden und das zu gesundheitlichen Problemen führen kann. Alkoholische Getränke sind selbstverständlich ganz und gar und bei Strafandrohung verboten und man sollte auch nicht danach fragen.

Ich lebe seit Jahren in einer konservativen Familie in Deutschland, in der es eine klare Tischetikette gibt. Und es amüsiert mich sehr, dass Iraner bei Einladungen zum Essen weder auf Pünktlichkeit achten, noch einer Sitz- oder Kleiderordnung folgen. Manchmal sitzen sechs Männer nebeneinander und ebenso die Frauen. Mache ich sie darauf aufmerksam, hört keiner darauf, und ich bekomme zu hören: „Wieso? Es ist doch gemütlich so."

Die Gäste, die länger bleiben, sitzen nach dem Essen zusammen und unterhalten sich köstlich. Jeder Gast fühlt sich für die Gesamtstimmung verantwortlich und so erzählen sie lustige Witze und kuriose Anekdoten über Vorkommnisse, die sie erlebt haben.

Die Männer reden sehr gerne über Frauen, vor allem dann, wenn ihre eigenen Frauen damit beschäftigt sind, abzuräumen oder sich um die Kinder kümmern. Sprich, wenn sie abgelenkt sind. Frauen sind das Thema Nummer 1, erst dann kommen die Themen Fußball, Autos, Job, Reisen und Finanzen. Sie lieben es, sich über schöne und junge Frauen zu unterhalten, die sie beim Einkaufen, beim Besuch im Krankenhaus oder im Reisebüro gesehen haben.

Die Männer spielen bei solchen Gelegenheiten auch gern Backgammon. Zu diesem Spiel gibt es eine hübsche Geschichte: Vor hunderten von Jahren brachte ein indischer König anlässlich eines Besuchs in Persien ein Schachspiel für seinen Gastgeber mit. Der persische König wollte sich revanchieren und dem Gast zum Dank ein Spiel anbieten, dass nicht so ernst und ruhig gespielt werden muss wie Schach. Das Spiel sollte eine Mischung aus Intelligenz, Chancen, Spaß und Stimmung bieten. Seine Untertanen setzten diese Wünsche um und erfanden das Spiel Backgammon.

Dieses Spiel ist sehr lustig. Zwei Spieler sitzen sich gegenüber. Beim Spiel heizen sie sich gegenseitig an, verwenden dafür Ausdrücke und Schimpfworte, die man gar nicht übersetzen kann – weil es ganz unmögliche Worte sind. Es amüsiert mich sehr, ihnen beim Spielen zuzusehen, wie sie sich anstrengen und konzentrieren, wie sie kämpfen, wenn notwendig mit allerlei Tricks. Als ob es darum ginge, die Familienehre zu retten.

Ihren Dank für die Einladung und den schönen Abend drücken die Gäste dann beim Verlassen des Hauses, bei der Verabschiedung, aus. Da es üblich ist, sich mehrmals zu bedanken, kann es vorkommen, dass man eine gute halbe Stunde vor der Tür steht, um sich zu verabschieden.

Komplimente

Perser machen sich oft und gerne gegenseitig Komplimente. Vor allem schöne, junge Frauen werden täglich mit aufbauenden Sätzen verwöhnt, auch Frauen machen anderen Frauen Komplimente. Und auch bei Männern ist ein nettes Kompliment nicht immer gleich als Anmache zu verstehen.

Dieses Spiel aus Beachtung, Komplimenten und diskreter Wahrnehmung oder Missachtung prägt den Tagesablauf, sobald man das Haus verlässt. Solange diese Komplimente subtil, intelligent und zurückhaltend erfolgen, nimmt die Damenwelt sie positiv auf. Es wird unbemerkt zu einem Element der Selbstbestätigung, der Anerkennung, der Beachtung, des Stolzes, solange es nicht die Würde verletzt.

Dadurch, dass es keine Discos oder andere Formen gemeinsamer Unterhaltung gibt und die Geschlechter auch beim Sport und in Schulen streng getrennt werden, müssen die jungen Leute andere Möglichkeiten finden, sich kennenzulernen, zum Beispiel beim Einkaufen im Supermarkt, in der Apotheke, im Café...

Manchmal bezahlen Männer für Frauen, die ihnen gefallen an der Kasse, falls diese nicht das passende Wechselgeld bei sich haben, manchmal tragen sie ihre Tüten, manchmal bekommt man beim Bummeln oder Einkaufen einen Strauß Blumen geschenkt. Es ist nur als Geste gemeint von den Männern - sie können es einfach nicht lassen. Manchmal ist es schön und manchmal ein bisschen anstrengend. Schöne Frauen werden täglich und überall mit kleinen Gesten verwöhnt.

Als ich einmal in einer Konditorei war und in der Schlange wartete, marschierte meine schöne Freundin Sepide (der Name bedeutet „Morgenröte") einfach an allen vorbei und die Angestellten wendeten sich ihr sofort zu und fragten sie, ob sie ihr helfen könnten. Keiner machte sie darauf aufmerksam, dass sie in der Schlange hätte warten müssen und die Wartenden waren von ihrem „Argument", also ihrer Schönheit, ebenfalls überzeugt.

Man erlebt aber auch das Gegenteil: Einmal hatte ich keine gute Laune, wollte deshalb bummeln und mir einfach die Zeit vertreiben. Ich zog einen alten Mantel von meiner Mutter an, in dem ich fast ungepflegt wirkte, nahm ein Taxi und fuhr zum Einkaufszentrum. Davor standen die Sittenwächter und kontrollierten, ob die Frauen ein ordnungsgemäßes Kopftuch trugen oder ob sie geschminkt waren.

Ich sagte daraufhin zum Taxifahrer: „Bitte drehen sie wieder um, wir fahren wieder nach Hause." Er schaute mich im Rückspiegel an und fragte: „Warum?"

Ich antwortete: „Wegen der Sittenwächter, ich will wirklich keine Probleme haben."

Er schaute mich noch mal im Spiegel an und antwortete: „Gehen sie ruhig hin und erledigen sie Ihre Einkäufe. Ich kann Ihnen garantieren, Ihnen passiert nichts, hundertprozentig. Die machen nur jungen, hübschen Frauen Schwierigkeiten."

Ich stieg aus und sagte ihm lächelnd: „Danke für das Kompliment."

Vor ein paar Jahren kam Sepide nach Deutschland. Ihre Eltern wollten gerne, dass sie im Ausland bleiben und weiter studieren solle.

Sie blieb für drei Monate in Düsseldorf, flog aber dann wieder nach Teheran zurück und zwar für immer. Als ich sie nach dem Grund fragte, antwortete sie mir:

„Ich gehe hier ein. Es herrscht hier keine richtige, warme Atmosphäre zwischen den Menschen. Keiner nimmt den anderen richtig wahr, jeder ist immer nur für sich, alles ist so ernst und zu kalt."

Sie sagte, dass ihr das Lächeln, die Komplimente, der freundliche Umgang und die aufbauenden und motivierenden Worte fehlten, sie vermisste ihre Heimat.

Schönheit, Gesundheit, Wohlempfinden

Iraner nehmen oft Pillen ein. So werden zum Beispiel vor, während und nach dem Essen Medikamente eingenommen, auch Naturheilmittel.

Wenn ich sie darauf aufmerksam mache, dass das Einnehmen so vieler Medikamente schädlich sein kann, erhalte ich als Antwort: „Weißt du, dass dieses Mittel von *dem* Professor (...) ist? Er hat sechs Monate Wartezeit."

Apotheken im Iran sind wahre Goldgruben und immer voll. Iraner nehmen gerne Medikamente ein und vertrauen vor allem ausländischen Arzneimitteln.

Daneben allerdings werden auch natürliche Heilmethoden zunehmend geschätzt. Alle meine Brüder sind Mediziner, aber wenn wir bei meiner Mutter sind und irgendein gesundheitliches Problem auftaucht, hat sie ihre Naturmedizin parat, auch wenn meine Brüder selbst krank sind.

In diesen Fällen sagt sie zu ihnen: „Ihr habt keine Ahnung, ich habe sieben Kinder nur mit solchen Methoden aufgezogen, wenn ich immer auf Ärzte hätte warten müssen oder auf Euren Vater, damit er zur Apotheke fährt, wer weiß, was da alles passiert wäre!"

Persien ist das Land der Naturheilkunde. In vielen kleinen Dörfern gibt es keine Krankenhäuser, aber dafür kennen die älteren Menschen viele alte Rezepte.

Meine Tante zum Beispiel leidet an hohem Blutdruck. Wir waren einmal außerhalb von Teheran unterwegs und sie regte sich über irgendetwas so auf, dass ihr Blutdruck stark stieg. Sie bekam Kopfweh und gleichzeitig Nasenbluten und geriet in Panik, weil sie ihre Medizin nicht bei sich hatte. Meine Mutter brachte eine Schüssel mit lauwarmem Wasser, rieb schnell ein paar Knoblauchzehen und mischte sie ins Wasser. Dann legte meine Tante ihre Füße in die Schüssel, atmete nach ein paar Minuten auf und fühlte sich wieder gut.

Wir haben gute Naturheilmittel im Iran, von denen viele in Deutschland noch völlig unbekannt sind.

Ich bin selbst Heilpraktikerin und mit einer 25 Jahre alten Tochter nicht mehr die jüngste, aber immer, wenn ich meine in den USA lebende Mutter anrufe, fragt sie mich besorgt, ob ich im Krankenhaus eine festen Job bekommen hätte?

Was soll ich meiner Mutter sagen? Dass wir noch nicht so weit sind, dass Heilpraktiker parallel mit Ärzten im Krankenhaus arbeiten könnten und die Patienten selber ihre Behandlungsmethode auswählen könnten, dass Alternativmedizin noch nicht gleichberechtigt ist, dass ich zu alt bin, um eingestellt zu werden? Man kann noch so alt sein, für die Eltern ist und bleibt man immer ein naives Kind.

Die Iraner sind stets darum bemüht, fit und schön zu sein. Vor allem die Frauen stehen unter einem enormen Druck, stets schön und jung auszusehen, auch wenn sie bereits älter sind und erwachsene Kinder haben. Das ist sicher der Grund, warum im Iran die Schönheits-Chirurgie boomt.

Allein in Teheran soll es Berichten zufolge rund 3000 Schönheitschirurgen geben. Besonders mit ihren Nasen scheinen die Iraner häufig unzufrieden zu sein: Man schätzt, dass im Iran mindestens 70.000 Nasenkorrekturen jährlich vorgenommen werden. Wenn sich wohlhabende Frauen treffen, sind die letzten plastischen Eingriffe, die man hat machen lassen, ein ganz normales Gesprächsthema.

Diese „Schönheitsmanie" kann wirklich gefährlich werden, verdeutlicht eine Anzeige, die ich im Internet sah. Dort inserierte eine junge Person und bot ihre Niere an, um dadurch Kosten für eine Schönheitsoperation finanzieren zu können. Andere verfallen in einen übertriebenen Diätwahn, der ebenfalls gefährlich werden kann.

Ich habe eine Verwandte in Teheran, sie ist über 70 Jahre alt und an Parkinson erkrankt. Als ich sie besuchte und fragte, wie ich ihr eine Freude bereiten, ihr einen Gefallen tun könne, antwortete sie mir: „Ich möchte so gerne besser und jünger aussehen. Würdest du mir meine Haare und Augenbrauen blond färben, es würde mich sehr glücklich machen?" Sie konnte wegen ihrer Krankheit kaum noch laufen und wünschte sich besser auszusehen. Tja – ihren Wunsch habe ich ernstgenommen und ihr die weißen Haare und Augenbrauen gefärbt. Sie war überaus glücklich darüber.

Gerade in Teheran sind die Menschen aber nicht nur um Schönheit bemüht, sondern auch um das Wohlempfinden, auch als Ausgleich zum stressigen Großstadtleben. Frauen, vor allem ältere, mögen zum Beispiel Yoga und Meditation.

Generell sind die Perser aufgeschlossen für alles, was die Sinne anspricht, wozu auch der siebte Sinn gehört. Angebote für Hypnose, Meditation, Kartenlegen oder Traumdeutungen findet man überall und auch der Aberglaube ist weit verbreitet und findet sich in kleinen Situationen wieder. Wenn man zum Beispiel die Schuhe auszieht und sie übereinander zum Liegen kommen, dann steht angeblich eine Reise bevor.

Man glaubt auch, dass es gut und wichtig ist, ein Haustier zu haben, weil das Tier die Menschen vor bösen Energien schützt. Wenn ein Haustier stirbt, geht man davon aus, dass es die bösen Energien an sich gezogen und den Menschen dadurch beschützt hat.

Nachbarn

Während meiner letzten Reise plante mein Bruder mit seiner Frau einen Ausflug für mich: Drei Tage in einer wunderschönen und alten Stadt namens Kashan in der Nähe von Teheran.

Es gibt im Iran viele schöne Städte. Um sie alle zu besuchen, braucht man mindestens sechs Monate Zeit. Die Städte und Regionen unterscheiden sich hinsichtlich ihres Klimas – wenn am Kaspischen Meer Schnee liegt, kann man am Persischen Golf im Freien schwimmen oder Golf spielen – aber auch in Bezug auf ihre Traditionen, ihre Sprache und ihre Dialekte. Der Iran ist ein Vielvölkerstaat. Außer „Farsi", der offiziellen Landessprache, werden auch noch Kurdisch, Türkisch, Luri, Arabisch, Armenisch und viele weitere Dialekte gesprochen. Je nachdem, welcher Volksgruppe sie angehören, unterscheiden sich die Iraner auch in ihrem Aussehen.

Die Menschen im Norden, an der russischen Grenze, haben oft blau-grüne-honigfarbene Augen und eine helle Haut. Sie sind sehr intelligent und behaupten, dass dies daher käme, weil sie seit Generationen täglich frischen Fisch, Fischöl, Bergkräuter und Berggemüse äßen. Viele bekannte Ärzte, Wissenschaftler, Autoren und Maler stammen aus dieser Region.

Die Menschen aus dem Süden, aus der Region am Persischen Golf, sind eher dunkelhäutig und dunkeläugig und haben lockiges Haar.

Bevor wir das Haus verließen, hatte meine Schwägerin ihre Nachbarin mit einem Strauß Blumen besucht. Sie gab ihr, zu meiner Bewunderung für so viel Vertrauen, ihre Ersatzhausschlüssel, damit sich die Nachbarin in deren Abwesenheit um die Pflanzen und das Haus kümmern könne.

Im Iran begegnet man seinen Nachbarn mit Respekt, eigentlich sind Nachbarn im Iran beste Freunde, die bei vielen Angelegenheiten mit einbezogen werden. Man lebt doch nebeneinander, sieht sich ständig und kann so viele Dienste miteinander teilen, zum Beispiel die Annahme der Post oder das gegenseitige Versorgen von Blumen und Tieren. Falls jemand krank und allein sein sollte, können die Nachbarn kommen und helfen. Ich habe dies selbst erlebt: Man bekocht sich in solchen Fällen gegenseitig, geht füreinander einkaufen und auch die Kinder werden von der Schule abgeholt. Unbezahlbar und in Deutschland nur sehr selten anzutreffen. Solange die Nachbarn nur gut behandelt und akzeptiert werden, ist vieles möglich. Der Respekt untereinander ist nahezu selbstverständlich. Es ist leichter sich mit den Nachbarn gut zu verstehen, als sie zu ignorieren. Ich denke, dieses gute Nebeneinander kann alle Beteiligten stärker machen.

Kaschan:

Die Stadt liegt etwa 200 km südlich von Teheran am Nordrand des Kuhrud-Gebirges am Rande der zentraliranischen Wüste. Die Stadt ist umgeben von der ersten großen Oase entlang der Straße von Qom nach Kerman.

1778 wurde die Stadt durch ein Erdbeben nahezu komplett zerstört. Der anschließende Wiederaufbau der Stadt während der Kadscharen-Dynastie mit seinen großzügigen Bauten ist heute eine Touristenattraktion. Hierzu zählt auch z.B. die Agha Bozorg Moschee.

Bekannt ist Kashan u.a. für den 2,3ha großen Fin-Garten (auch Bāgh-e Fin genannt). Er verbindet architektonische Elemente aus der Safawiden-, Zand- und Kadscharenzeit. Mit seinen zahlreichen Fontänen, Wasserbecken, Wasserläufen und alten Bäumen zählt er zu den berühmtesten und schönsten Gärten des Iran. Im westlichen Teil des Gartens befindet sich das Nationalmuseum von Kaschan mit zahlreichen archäologischen Funden. Außerdem sind ethnographische Gegenstände und Kalligraphien von Künstlern aus der Kadscharenzeit ausgestellt.

Traurige Berühmtheit erhielt der Fin-Garten durch Amir Kabir (auch bekannt als Mirza Taghi Chan). Der Ministerpräsident, ein Reformator seiner Zeit und mit dessen Name noch heute Begriffe wie Diplomatie und Klugheit verbunden werden, wurde 1851 durch den König in den Fin-Garten

Historisches Tabatabei-Haus, Kaschan

83

Bāgh-e Fin Garten, Kaschan

Shiraz – Die Stadt der Poesie

Die Stadt liegt ca. 700 km südlich von Teheran im südlichen Zagrosgebirge auf etwa 1500 m ü.NN. Shiraz und Umgebung waren bereits vor mehr als 2500 Jahren der Mittelpunkt des achämenidischen Persien.

Zwei mächtige altpersische Königshäuser stammen von hier: die antiken Achämeniden (559 bis 330 v. Chr.) und die Sassaniden (224 bis 651). Im achteckigen Pavillon des Pars-Museums kann man alles über die Region und seine Dynastien erfahren.

Man nennt Shiraz auch den „Garten des Iran", da die Blumenvielfalt und speziell die berühmten Rosenzüchtungen in der Stadt allgegenwärtig sind. In Shiraz sind die zwei berühmtesten Dichter Persiens – Hafis und Sadi – in eigenen Mausoleen begraben. Die Mausoleen sind heute gleichermaßen Pilgerstätten für Literaten sowie Touristenattraktionen.

Abstrakte Berühmtheit hat Shiraz durch die gleichnamige Rebsorte erlangt – da seit 1979 der Alkoholkonsum im Iran verboten ist, bleibt nur die geschichtliche Erinnerung.

Hafez-
Mausoleum,
Shiraz

Persepolis – Der Stolz der alten Perser

Die altpersische Residenzstadt Persepolis (*Tacht-e Dschamschid* „Thron des Dschamschid",) war eine der Hauptstädte des antiken Perserreichs unter den Achämeniden und wurde 520 v. Chr. von Dareios I. im Süden Irans in der Region Persis gegründet.

Der Name „Persepolis" stammt aus dem Griechischen und bedeutet „Stadt der Perser"; der persische Name bezieht sich auf Dschamschid, einen König der Frühzeit.

Als man die frühere Residenz Pasargadae um 50 km hierher verlegte, wurde am Fuße des Berges *Kuh-e Mehr* (auch *Kuh-e Rahmat* genannt), eine 15 ha große Terrasse angelegt. Über 14 Gebäude sind auf der Plattform unter Darius I. und seinen Nachfolgern, u.a. Xerxes, Artaxerxes I. und Artaxerxes II. errichtet worden. Weitere Paläste wurden unmittelbar am Fuß der Terrasse ausgegraben.

Die Palaststadt wurde 330 v. Chr. durch Alexander den Großen zerstört, u.a. durch das legen von Feuer, aber ihre (teils wiederaufgebauten) Reste können auch heute noch besichtigt werden.

Heute weiß man, dass das Feuer paradoxerweise etwas Gutes bewirkt hat – wurden doch ungefähr 30.000 Tontafeln durch die Hitze derart gehärtet, dass sie mehr als 2000 Jahre später den Archäologen noch detailliert die Geschichte der Stadt erzählen können.

Persepolis zählt zum UNESCO-Welterbe und liegt rund 60 km nordöstlich der Großstadt Schiras auf der Hochebene von Marvdascht.

Persepolis

Schicksalsschlag

Der Bruder unseres Nachbarn, einer im Übrigen sehr netten Familie, hatte ein wunderschönes Mädchen geheiratet. Darauf folgte ein prachtvolles Fest, für ein sehr glückliches Paar, welches in der Nähe von Teheran wohnte.

Nach einiger Zeit hatte sich das frisch vermählte Paar entschieden, nach Teheran zu ziehen, weil das Mädchen schwanger war und die Möglichkeiten in Teheran in jeder Hinsicht besser waren als in ihrem Dorf.

Sie mieteten eine Wohnung in der Nähe des erwähnten Nachbarn. Der Bräutigam hatte zwei Brüder, einer war bereits verheiratet und wohnte in unserer Straße und einer war Single. Die beiden Brüder halfen ihm beim Umzug nach Teheran. Am letzten Tag des Umzugs sagte der Bräutigam, Sasan, dass er keine Hilfe mehr brauche, er würde den Rest ganz allein erledigen. Seine Ehefrau Darya (das bedeutet „das Meer") war schwanger und überglücklich: Eine neue Stadt, eine neue Wohnung, bald ein Baby - alles schien für das Paar perfekt zu sein.

Sasan packte den Rest der Umzugssachen in sein Auto und fuhr damit nach Teheran. Ganz nah an der Stadt geschah ein schreckliches Unglück. Ein Lastwagen achtete nicht auf die Vorfahrt und stieß mit voller Wucht gegen Sasans Auto, Sasan starb noch an der Unfallstelle. Seine Frau war schon im siebten Monat schwanger, eine Tragödie.

Alles war an diesem Tag außer Kontrolle geraten. Es herrschte nur noch tiefe Trauer, Entsetzen und Fassungslosigkeit. Nach dem Schock fing sich die Familie wieder, sie trafen sich und beratschlagten, was sie gemeinsam tun könnten und kamen nach einiger Zeit zur dieser Entscheidung: Der jüngere Bruder von Sasan, Sina, sollte sofort und nur im Beisein seiner engsten Familie die Witwe seines verstorbenen Bruders heiraten, um weitere familiäre Tragödien zu verhindern und das Baby ohne Vater aufwachsen zu lassen.

Die Familienmitglieder wollten nicht zulassen, dass ein junges Mädchen ganz allein um sein Schicksal und das des noch ungeborenen Kindes trauert. Die Familie hat verhindert, dass das Baby jemals erfährt, dass sein Vater schon vor seiner Geburt gestorben ist, sie arrangierten alles in Stille.

Kurz nach der Beerdigung haben Darya und Sina geheiratet. Sie hatten gemeinsames Leid und Verlust erlitten und fanden Trost beieinander und im Laufe der Zeit auch Zuneigung füreinander. Ein gesunder, prachtvoller Junge kam zur Welt. Alle waren wieder glücklich.

Einige Zeit später ist die neue junge Familie aus dem Stadtteil weggezogen, denn sie wollten verhindern, dass der Junge von den Nachbarn über die Geschichte und den Verlust seines leiblichen Vaters je etwas erfährt.

Hunde

Es ist langsam Zeit umzudenken: Hunde, aber auch Schweine, gelten in islamischen Ländern als unrein – obwohl die Polizei zum Beispiel Deutsche Schäferhunde zum Aufspüren von Drogen einsetzt. Aber ich bin der Meinung, es gehört nicht in unsere Zeit, dass Hunde herrenlos und ohne jegliche medizinische Hilfe herumlaufen und um zu überleben alles zu sich nehmen müssen, was sie finden können, auch altes, verdorbenes Fleisch. Ich meine, diese Ansicht gehört in die Vergangenheit und es sollte bitte überdacht werden.

Verwandte von mir, die im Norden von Teheran und gegenüber von wunderschönen Hügeln leben, kümmerten sich - allerdings sehr diskret - mit fast allen anderen Nachbarn gemeinsam um streunende Hunde, welche alleine auf einem Hügel lebten. Sie bauten eine Hütte für die Hunde und legten sie sogar mit einem Perserteppich aus, sie kümmerten sich ums Essen und um die medizinische Versorgung und anderes, um das Leben der Hunde zu retten. Dies war die Bedingung vom Ordnungsamt, sonst würde man die Hunde einschläfern.

Die Dankbarkeit der Hunde war sogar spürbar.

Jedes Mal schauten sie den Nachbarn bei der Verteilung von Lebensmitteln stundenlang in die Augen, bevor sie anfingen zu fressen und bellten in der Nacht als Zeichen der Dankbarkeit und als Wiedergutmachung. Sie wollten damit sagen, „Schlaft ihr ruhig, wir passen in der Nacht auf Euch auf".

Die Hunde waren eine Bereicherung vor allem für die Seele aller Nachbarn, sie waren nur der alten, verbissenen, mittelalterlich denkenden Frau Bahrami ein Dorn im Auge.

Eines Tages wurde eine Hündin, die vier Hundebabys zu versorgen hatte, von einem Auto angefahren. Der Armen wurden dabei die Hinterläufe gebrochen. Eigentlich ein Todesurteil für die Hündin und ihre Jungen.

Eine mitfühlende Nachbarin brachte den armen Hund in eine Klinik. Dort wollte man nur helfen, wenn vorher bezahlt wird. Daraufhin rief sie eine andere Nachbarin an, um die Kosten mit ihr zu teilen, da sie diese OP nicht alleine aus eigener Tasche bezahlen konnte.

Die Hündin wurde operiert und konnte mit einem Gipsverband zu ihren Jungen zurückkehren. Die Dankbarkeit der Hunde war spürbar, sie bellten wieder in der Nacht.

Doch dieses Zeichen von Treue und den Schutzmechanismus deutete eine Nachbarin falsch. Sie fühlte sich gestört und alarmierte die Behörden. Die kamen nachts, betäubten die Hunde, um Unruhe zu vermeiden und um die Hunde einfacher abtransportieren zu können und sie nahmen auch die Hündin und ihre Jungen mit.

Am nächsten Morgen waren die Tierfreunde entsetzt. Sie telefonierten mit den Behörden, fuhren hin, durchsuchten die ganze Umgebung und wollten nicht wahrhaben, dass den Tieren etwas Furchtbares passieren könnte, nämlich, dass sie eingeschläfert werden könnten. Die Hunde blieben verschwunden. Das Schicksal dieser Hunde kann man sich vorstellen.

Besonders traurig ist, dass der Rüde sich seitdem auf die Spitze des Hügels zurückgezogen hat, um täglich, auch nachts, nach seiner Familie Ausschau zu halten. Er betritt seine Hütte nicht mehr und sitzt noch immer traurig auf dem Hügel und wartet sehnsüchtig auf seine Familie.

Ein anderes Mal saß ich in einem Gemeinschaftstaxi, der Fahrer wartete noch auf weitere Passagiere, um dann voll gepackt fahren zu können. Neben mir saß eine ältere Frau mit einer Tasche auf dem Schoß, sie hatte ihre Hände auf der Tasche und streichelte diese die ganze Zeit.

Der Fahrer beobachtete alles im Spiegel und auf einmal schrie er die Frau an und frage sie angespannt, ob sie etwa einen Hund in der Tasche hätte?

Die Frau sagte: „Ja, aber ein ganz kleiner und gepflegter."

Der Taxifahrer forderte sie auf, auszusteigen.

Ich sagte ihm: „Wir können privat weiterfahren. Ich komme für die Kosten auf und wir bringen die Frau zu ihrem Ziel."

Der Taxifahrer fragte: „Und wenn ich kontrolliert werde? Ich muss dann dafür eine teure Strafe bezahlen." Er forderte die Frau weiter auf, auszusteigen.

Sie stieg aus, aber das war nicht demütigend genug für die alte Frau und ihren Hund; nein, der Taxifahrer stieg aus und schrie zu seinen Kollegen, die auf Passagiere warteten: „Die Frau hat einen Hund bei sich!"

Ich stieg dann auch aus, musste meine Tränen abwischen und dachte: „Wieso können wir nicht ein bisschen liberaler sein und freundlicher miteinander umgehen? Wieso?"

Mutter Theresa von Teheran

Als ich vor einigen Wochen in Teheran war, berichteten mir Familienmitglieder von einer überaus sozialen, humanistischen Frau, welche sich seit Jahrzehnten um Waisenkinder und Menschen in Not kümmere. Sie heißt Maryam und alle nennen sie „Mutter". Ich wollte sie gerne kennen lernen.

Diese Begegnung mit ihr wird mir unvergesslich bleiben. Eine kleine zarte Person, voller Energie und charismatischer Ausstrahlung erwartete mich. Sie erzählte mir von ihrem Leben, ihren Leiden.

Sie beansprucht für sich nichts. Alles was sie auf Grund von Spenden erhält, gibt sie an die bedrängten Menschen weiter, um deren Überleben zu sichern. Ihr Haus ist für jedermann in Not offen, sie sperrt nicht mal ihre Türe zu. Lediglich ein Schild an der Eingangstür erinnert daran, dass man sich doch bitte wenigstens die Schuhe auszuziehen soll, wenn man ihr Haus betritt, auch in ihrer Abwesenheit.

Die Spenden erhält sie von Mitmenschen mit Mitgefühl. Letzteres ist leider nicht selbstverständlich. Im Iran liegt das Sozialwesen innerhalb der Familie. Es gibt kein Sozialamt und keine Sozialhilfe. Kinder; Menschen, die keine Familie haben, Frauen die geschieden sind und kein Einkommen haben, Alte und Kranke haben es ganz besonders schwer. Ohne Familie keine Hilfe.

Diese schwere Rolle übernimmt diese Mutter Theresa Teherans. Sie opfert sich für Menschen in Not auf. Für Jung und Alt. Soweit möglich, besorgt sie Verpflegung, Unterkunft, Medizin; ja, sie kümmert sich sogar um deren Geburtstage, gratuliert zum neuen Jahr und versucht ein bisschen Hoffnung in die Herzen dieser notleidenden Menschen zu bringen.

Ihr eigenes Leben hat sie dabei vollkommen zurückgestellt, sie hat keine Familie gegründet, um für andere Menschen in Not da zu sein.

Was mich ganz besonders berührt hat: Nach einem langen, sehr persönlichen Gespräch gab sie mir den einzigen Schmuck, den sie trug, einen Ring mit Halbedelsteinen aus dem Iran (*Firouze*, ein Türkis aus dem Iran), damit wir auch aus der Entfernung in Verbindung bleiben und bei Schwierigkeiten im Leben daran denken, dass es viele Menschen gibt, die viel größere Probleme haben und auf unsere Hilfe angewiesen sind. Es gibt diese wenigen Menschen mit Herz. Wir alle sollten uns ein Beispiel daran nehmen.

Was ihr von ihrem Leben zurückgegeben wurde, ist der feste Glaube, das Richtige zu tun. Die Dankbarkeit der Menschen, welchen sie geholfen hat. Das lässt diese erstaunliche Frau von innen heraus leuchten. Sie sieht mit ihren knapp 60 Jahren um 20 Jahre jünger aus und hat dabei eine Ausstrahlung, die faszinierend ist.

Ich bin auch heute noch von Deutschland aus mit ihr in Kontakt und manchmal, wenn sie ein besonderes Projekt hat, unterstütze ich sie und ihre Organisation, so gut ich kann.

Golf

Ich wollte so gerne in Teheran einmal Golf spielen und fuhr zur schönsten Golfanlage der Stadt.

Dort angekommen, erkundigte ich mich nach einem Trainer. Man erklärte mir, dass für mich als Frau nur eine Trainerin in Frage käme. Das akzeptierte ich, bezahlte und ging mit einer Trainerin auf den Platz. Während des Spiels glaubte sie ständig erwähnen zu müssen, wie bekannt sie sei, dass sie bei vielen Auslandspielen dabei sein müsse und sehr gefragt sei.

Ein paar Tage später, als ich wieder auf dem Golfplatz war, sagte man mir, dass die Trainerin leider hätte ins Ausland fliegen müssen und dass sie keinen Ersatz für sie hätten. Ich saß auf dem Golfplatz und überlegte, was ich nun tun könne.

Nach ein paar Minuten kam ein junger Mann auf mich zu, den ich schon im Büro des Golfclubs gesehen hatte und erklärte mir, er habe gerade gehört, dass Frauen auch von männlichen Trainern Unterricht bekommen dürften. Ich stimmte zu, bezahlte, und wir betraten die Driving Range. Er gab mir in Windeseile ein paar Tipps und sagte mir dann, er müsse nun kurz weg und ich solle in dieser Zeit üben.

Nach mehr als einer halben Stunde kam er zurück, erklärte mir wieder ein paar Minuten etwas und verließ mich erneut. Das würde es in Deutschland nie geben. Ich wunderte mich zwar darüber, dachte mir aber nichts weiter dabei. An diesem Tag kehrte er nicht mehr zurück und ich fuhr schließlich nach Hause.

Als ich am nächsten Tag telefonisch wieder einen Trainer buchen wollte, sagte man mir: „Wissen Sie nicht? Männliche Trainer dürfen Frauen nicht unterrichten und das schon seit Jahren."

Erst jetzt begriff ich, warum er immer nur so kurz an meiner Seite geblieben war.

Es gibt eben auch solche Erlebnisse. Aber ich kann die jungen Leute gut verstehen: Sie möchten gut aussehen, feiern, ihre Freundinnen verwöhnen... Die Trainer haben oft den ganzen Tag nichts zu tun, wie können sie so überhaupt für ihren Lebensunterhalt aufkommen?

Ringer

Der Nationalsport der Perser ist das Ringen, das *Koshti* genannt wird. Firdausi hat in seinem bewundernswerten Buch „Shahname" von den Ringern als Helden und von deren heldenhaften Taten erzählt und das Ringen damit noch beliebter gemacht.

Ringen ist absolut eine männliche Kampfart. Ringer sind sehr diszipliniert und von ihrer Art her echte Männer, wie die Männer schon mal waren; die Männer, deren Wort noch Wert hatte; Männer, die nicht vergessen, was sie versprochen hatten. Männer, die immer Größe zeigten und bei denen die Frauen um nichts Angst hatten.

Ich mag Ringer und habe sehr viel Respekt ihnen gegenüber. Sie sind nicht nur Sportler, sondern verhalten sich sehr sozial und menschlich. Eigentlich finde ich keine Worte, um deren Eigenschaften zu schildern, wie sie wirklich sind. Einfach Helden.

Ich kann mich gut erinnern, dass ich, um meine jüngeren Brüder zu beschäftigen, öfter eine große Decke auf dem Boden ausbreitete und im Beisein von Erwachsenen als Aufsicht – mein Vater oder mein Cousin, die mehr Ahnung von *Koshti* hatten - meine Brüder ringen ließ.

Mein Vater liebte *Koshti* und diese Kampfart, er kannte sich mit den Regeln gut aus, er gab meinen Brüdern beiden gleichzeitig während des Kampfes seine Ratschläge.

Meine Brüder ringen und wir haben alle Spaß, man gewinnt bei dem Spiel, wenn man die Schulter des Gegners auf dem Boden drückt, dann ist der Kampf beendet.

Eigentlich sind die Ringer Helden und sie haben meistens auch heldenhaftes Verhalten, sie sind sozial engagiert und in ihrer Umgebung darf niemand leiden und in Knappheit leben, sie kümmern sich sehr um Menschen in Not.

Viel früher gab es in jedem Stadtteil einen solchen Helden und die Menschen fühlten sich in deren Nähe geborgen. Witwen, Vollwaisen, Arme, auch die Leute, die einen Rat brauchten, um im Leben weiter zu kommen, meldeten sich bei ihren Helden. Ringer waren und sind respektierte Helden. Man kann ihren Charakter mit dem von Robin Hood vergleichen, vielleicht wurde seine Geschichte von Ringern inspiriert.

Allerdings waren die Ringer (*Koshtigir*) nicht immer bei allen willkommen. Der bekannteste und beliebteste iranische Ringer aller Zeiten war und ist Takhti, ein außergewöhnlicher Mann, ein wahrer Held. Die Menschen liebten ihn und man sieht seine Fotos oder Gemälde immer noch in vielen alten Geschäften, vor allem im Süden von Teheran, wo er aufgewachsen war. Als Respekt von ihm und um zu verhindern, dass sein Name in Vergessenheit gerät. Wenn man bei den älteren Generationen gut ankommen möchte, sollte man diesen Namen kennen: Takhti.

Man brachte ihn vor vielen Jahren auf eine kuriose Art und Weise um, als er im besten Alter und auf dem Höhepunkt seiner Karriere war.

Sport

Persische Frauen sind im Allgemeinen eher gemütlich als sportlich. Sport wird zwar wahr-, aber nicht ernstgenommen. Oft hört man „Immer mit der Ruhe, man darf es nicht übertreiben".

Entsprechend ist das Angebot an Fitnessstudios, in denen Frauen trainieren können, auch knapp und die Auswahl an Kursen ist karg.

Einmal musste ich laut lachen, als ich den Prospekt für die Eröffnung eines Fitnessstudios in die Hände bekam. Darauf war das Bild eines Muskelmanns in einem kurzen, knappen Oberteil zu sehen – allerdings handelte es sich um ein Studio für Frauen. Fotos von Frauen sind nicht erlaubt und wenn überhaupt, dann nur mit einem Kopftuch. Aber da sportliche Werbung mit Kopftuch eher lächerlich aussieht, hatte man sich wohl für den Muskelprotz entschieden.

Ich war ein paar Mal in Fitnessstudios und machte dabei einige erstaunliche Beobachtungen.

Zunächst einmal fängt man nicht wie in Deutschland ganz pünktlich an, so können die Frauen schon einmal ein paar Minuten sparen.

Dann kommen die Frauen fast alle geschminkt und wegen des Makeups bewegen sie sich auch nicht richtig intensiv, weil sie genauso hübsch geschminkt auch wieder rausgehen wollen. Die meisten von ihnen betrachten es schon als sportliche Leistung, sich im Fitnessstudio angemeldet und passende Sportkleidung gekauft zu haben.

Wenn die Trainerin ankündigt, dass es losgeht, hört man erstmal Protest:

„Noch nicht!"

„Was, wieso so schnell?"

„Aber es ist doch warm!"

Ein paar Minuten vor dem eigentlichen Ende hören sie dann wieder auf, aber sie haben dann wenigstens ein gutes Gewissen, sie waren doch beim Sport. Immerhin.

Wenn sie zuhause ankommen, legen sie sich gern erstmal ein wenig hin. Man soll doch nicht übertreiben, erst muss man sich ausruhen.

Fitness steht bei den Frauen im Iran also nicht allzu hoch im Kurs. Vor allem die jüngeren Frauen lieben stattdessen das Tanzen, womit nicht klassische Tänze gemeint sind, sondern solche ohne komplizierte Schritte zu persischer, türkischer oder arabischer Musik. Die Frauen bewegen sich zur Musik hin und her, sie fühlen sich dabei wie im Siebten Himmel und sind dann kaum zu stoppen.

Als kleines Mädchen war ich im Vergleich zu Gleichaltrigen ziemlich großgewachsen und als Schwester von vier Jungs musste ich immer mit Fußball spielen - und zwar als Torwart. Ich habe großes Mitleid mit Torhütern, denn ich erinnere mich, dass ich mich jedes Mal, wenn der Ball mit voller Wucht auf mich zu flog, in Sekundenbruchteilen entweder für meine Nase und Schönheit oder für mein Team und deren Sieg entscheiden musste. Ich habe mich jedes Mal und ohne Ausnahme für meine Nase entschieden. Deswegen wurde dann oft mit mir geschimpft: „Du bist so groß, aber leider als Torwart nutzlos, hast du denn überhaupt keinen Teamgeist? Bist du blind?"

Ich aber konnte einfach nicht anders, es war meine eigene, feste Regel: Der Ball darf nicht ins Gesicht. Alles andere aber war erlaubt - wie oft wurden meine Finger während des Spiels gebrochen und trotzdem habe ich weiterhin gespielt. Bis heute sind zwei meiner Finger krumm, weil sie damals falsch gerichtet worden sind. Diese Finger sind eine Erinnerung an meine schöne Kindheit.

Manchmal, wenn ich auf Grund der Verletzungen nicht spielen konnte, übernahm ich den Job des Schiedsrichters und ich muss zugeben: Ich köonnte wohl nie ohne Vorurteile oder Abneigungen Entscheidungen treffen.

Fußball ist im Iran sehr populär. Inzwischen spielen die Damen auch vor männlichen Zuschauern. Dabei tragen sie Kopftücher, langärmlige Shirts und lange Hosen. Somit sind nur das Gesicht und die Hände nicht verdeckt.

Perser haben eine besondere Vorliebe für schicke, elegante Sportarten, wobei auch diese eher als Entspannung, Unterhaltung und Anti-Stress-Programme angesehen werden, nicht als hartes Training. Persische Frauen zum Beispiel mögen Reiten, Golf oder Bogenschießen, weil es so elegant ist.

Eine Bekannte, die Reitsport als Hobby betreibt und ein Pferd besitzt, hat mich vor einigen Jahren zu ihrem Reitclub am Rande der Stadt mitgenommen.

Ähnlich wie in Deutschland war sofort zu erkennen, dass es sich bei dem Sport eher um eine Frauendomäne handelt. Die jungen Mädchen und Frauen waren über die Maße geschminkt und frisiert. Ihre Designerkleidung wirkte wie neu und ließ nicht vermuten, dass wir uns in einem Reitstall befanden. In Deutschland gehört es dazu, dass sich die Pferdebesitzer nahezu jeden Tag um ihr Pferd kümmern. Dazu gehören beispielsweise das Bürsten des Fells, das Säubern der Hufe, das Satteln und vieles mehr. Es ist fast wie ein Ritual, welches vom Pferdebesitzer selbst durchgeführt wird.

Zu meinem Erstaunen wurden im Reitclub meiner Bekannten alle diese Arbeiten von den Stallburschen erledigt. Sie brauchte nur noch auf das Pferd zu steigen und loszureiten. Im Nachhinein hatte ich so dann auch die Erklärung dafür gefunden, warum das Outfit vieler Damen wie frisch aus dem Laden aussah.

Die größte Sportanlage in Teheran ist *Bashgahe Enghelab*, wo es viele Möglichkeiten gibt, Sport zu treiben. Dazu gehören zum Beispiel Tennis, Golf, Bogenschießen, Squash, Bowling, Fitnessräume und vieles mehr. Außerdem befindet sich in dieser Anlage eine schöne und von Bäumen umgebene Route, die zum Joggen, Walken oder auch einfach zum Spazierengehen genutzt wird.

Man sieht auch unter der Woche vormittags viele Menschen dort, die Sport treiben. Viele sitzen aber auch nur in dem clubeigenen Café, das sich an der Laufstrecke befindet, trinken etwas und unterhalten sich.

Die Zahl der Frauen unter den Gästen scheint zuzunehmen, wobei viele der Frauen einfach zum Zeitvertreib da sind. Man sieht dort häufig sehr schöne junge Mädchen, Frauen und auch Männer jeden Alters. Ob sportlich unterwegs oder nicht, eine Sache haben die meisten Frauen und jungen Mädchen gemeinsam. Die äußere Erscheinung ist alles und muss stets perfekt sein. Das Outfit steht dabei im Vordergrund und die Sonnenbrille darf auch nicht fehlen.

Bashgahe Enghelab ist eigentlich nur für Mitglieder geöffnet, man kann sich aber ein Tagesticket zur Nutzung der Anlage kaufen. Ich nutze diese Gelegenheit gern, wenn ich in Teheran bin. Die schöne Laufroute lädt zu einem Spaziergang ein und anschließend setze ich mich gerne ins Café und trinke etwas. In den wenigen Tagen, die ich in Teheran verbringe, geht es auch mir nicht ums Sporttreiben, sondern einfach um Entspannung. Und ich genieße es einfach, die Leute zu beobachten. Viele andere Besucher dieses Sport Clubs machen es genauso.

Schönheitssalons – auch für die Seele

Friseursalons sind in Teheran eine Geschichte für sich: Antidepressiva pur. Hält man sich dort auf, hebt das die Stimmung ungemein.

Bevor ich nach Teheran fliege, vereinbare ich bereits von Deutschland aus einen Termin bei der Kosmetikerin. Sie sind immer gut gebucht, weswegen eine frühzeitige Terminvereinbarung sinnvoll ist, und außerdem bin ich geradezu süchtig nach der Atmosphäre, die dort herrscht.

Alles befindet sich in einem großen, bunten Raum mit einem häuslichen Ambiente: Friseur, Kosmetiksalon und Nagelstudio. In einem separaten Raum wird Epilation angeboten.

Darüber hinaus werden oft ausländische Kosmetikartikel zum Kauf angeboten, aber auch tolle Kleidung, Schuhe und Accessoires wie Modeschmuck oder Tücher. Zusätzlich erhält man ganz nebenbei eine kostenlose Lebensberatung oder auch Eheberatungen.

Leider gibt es auch Tipps zu Gesundheits- oder Krankheitsthemen, zu Diäten und wie man leicht abnehmen kann. Tipps zum Abnehmen sind heiß begehrt und Nahrungsergänzungsmittel finden viele Abnehmerinnen. Beschwert man sich beispielsweise in einem Salon über Bauch- oder Kopfweh, erhält man sofort von verschiedenen Leuten Empfehlungen, welche Mittel helfen könnten.

Ebenso bieten sie Medikamente für einen stabilen Kreislauf, gegen Blähungen oder zur Beruhigung an. Ich habe immer den Eindruck, dass sie stets eine kleine Apotheke mit sich herumtragen.

So unterscheidet sich der Inhalt einer Handtasche bei den Frauen im Iran sehr von dem der Frauen in Deutschland. Perserinnen tragen oft jede Menge Kosmetikartikel, Beruhigungsmittel, Schmerztabletten wie Aspirin und andere Medikamente mit sich herum. Zusätzlich finden sich viele Zettel in der Tasche, die Empfehlungen verzeichnen, wo welche ausländischen Kleider, Schmuck, Schals und so weiter erhältlich sind.

Medikamente werden auf Empfehlung eingenommen, ohne zu hinterfragen, ob die Medikamente vielleicht auch Nebenwirkungen haben könnten. Des Weiteren klappern Schlüsselbunde in den Taschen, auch von Nachbarn, falls diese unterwegs sind, und diese gebeten haben, täglich nach dem Rechten zu schauen und die Blumen zu gießen.

In den Studios erklingt ununterbrochen laute und lebensfrohe Musik. Immer steht ein großer Samowar für die Zubereitung von Tee bereit, ebenso gibt es Gebäck, Obst und Nüsse. Hat man richtigen Hunger, lässt man sich ein warmes Mittagessen in das Studio liefern. Alles wird den Kundinnen angeboten.

Die Chefin und ihre Mitarbeiterinnen sind ausgesprochen freundlich und arbeiten gutgelaunt und mit viel Freude, obwohl sie so viel zu tun haben.

Ihre Kundinnen sprechen sie mit wohlklingenden Bezeichnungen an: „Mein Schatz, meine Liebe, meine Schönheit…" Ich fühle mich dadurch nicht bedrängt. Im Gegenteil, es tut mir sogar gut.

Sollte ich das Bedürfnis haben, mir meine Zukunft vorhersagen zu lassen, genügt ein Anruf. Sofort kommt jemand vorbei, legt die Karten oder liest aus dem Kaffeesatz vor. Jeder Wunsch wird erfüllt. Mir bereitet das unheimlich Spaß, es kostet nicht viel und manchmal treffen die Ereignisse ein, manchmal auch nicht.

Ich bin eigentlich nicht abergläubisch, aber ich erinnere mich an die Vorhersehung einer Bettlerin, die einmal zu uns kam, als ich noch ein Kind war. Sie war hungrig und wirkte sehr ungepflegt. Meine Mutter bot ihr warmes Essen an und gab ihr viele Anziehsachen und etwas Geld. Sie bedankte sich und sagte: „Ich möchte euch etwas zurückgeben, indem ich eure Zukunft aus der Hand lese." Als sie meine Hand betrachtet hatte, sagte sie zu mir: „Du wirst deine Heimat verlassen und im Ausland heiraten." Lächelnd fügte sie hinzu, dass mein zukünftiger Mann blauäugig wäre. Sie meinte damit, dass er kein Perser wäre. Auch bemerkte sie, dass Fotos von mir in verschiedenen ausländischen Zeitungen zu sehen wären. Wir bedankten uns bei ihr und verabschiedeten sie. Ja – und was soll ich sagen: Ich verließ mein Land als junges Mädchen, obwohl ich dieses Land liebe, heiratete einen blauäugigen Deutschen, und da ich für einige Zeit für die UNESCO arbeitete, sah man häufig Fotos von mir in deutschen Zeitungen und Zeitschriften.

Die Perser haben eine alte Seele und sind sehr feinfühlig. War es Vorahnung oder der siebte Sinn?

Der Zutritt zu einem Schönheitssalon ist für Männer strikt verboten. Vor dem Fenster hängen dicke Vorhänge, so dass man nicht von außen in den Salon hineinsehen kann. Wenn die Ehemänner ihre Frauen abholen möchten oder wenn ein Taxifahrer etwas im Salon abgeben muss, müssen sie vor dem Eingang warten.

Sobald eine Frau einen Salon betritt, lässt sie ihre „Hüllen" fallen. Persische Frauen sind so schön und so gut angezogen. Hier fühlen sie sich frei. Ich staune immer, welche Lebenslust und Freude sie ausstrahlen, wie sie beim Sprechen lachen und hemmungslos von ihrem Leben erzählen, über ihre Männer oder Schwiegermütter. Junge Mädchen reden über die Liebe und holen sich Ratschläge von den älteren, ihnen fremden Besucherinnen. Ihre Stimmen sind zart, sie sind sehr weiblich, gestikulieren elegant beim Sprechen, verfügen über Charme und strahlen teilweise auch Erotik aus.

Nicht selten sehen wir Frauen beim Verlassen des Salons ganz anders aus als vorher: Eine neue Haarfarbe, ein neuer Schnitt – ganz leicht werden wir überzeugt, irgendeine Veränderung vorzunehmen. „Es ist gut für die Ehe, nicht immer gleich auszusehen", heißt es hier. Die Friseure haben wirklich eine Gabe, viel Talent und Geschmack.

Ich fühle mich dort wie zu Hause. Man könnte einfach in die Küche gehen und sich etwas bestellen, auch besondere

Wünsche werden erfüllt. Mit einem Taxi ist das alles möglich. Taxis gehören zu meinen absoluten Favoriten.

Es kann auch gut sein, dass Sie zum Mittagessen eingeladen werden, wenn jemand Sie sympathisch findet, und das ganz ohne Hintergedanken. Ist das nicht köstlich?

Man kommt nicht nur schön und sehr gepflegt aus dem Laden heraus, sondern strahlt ebenso jede Menge gute Laune aus.

Ich genieße die Kosmetiksalons in Teheran, amüsiere mich dabei. Mir bedeuten diese Stunden weitaus mehr, als eine Woche irgendwo an einem Strand zu liegen. Meine Zeit mit diesen unendlich lebenslustigen Menschen zu verbringen, ist mir eine Reise wert.

Dessous

Als ich einmal in einem großen Einkaufszentrum war, musste ich an einem Geschäft zweimal vorbeigehen, weil ich nicht erkennen konnte, um was für einen Laden es sich handeln könnte. Er wirkte sehr geheimnisvoll, sehr bedeckt. In den Schaufenstern war gar nichts zu sehen. Das Einzige, was ich entdeckte, war ein kleines Schild: „Dessous – Eintritt verboten für Männer".

Die Dessous-Läden sind sehr eigenartig. In den Schaufenstern gibt es keine Dekoration, manchmal eine Schaufensterpuppe. Die Puppe trägt einen Pyjama, allerdings mit einem Kopftuch. Unter dem Pyjama dürfen keine Erhebungen zu erkennen sein, das heißt, die Puppe hat keine Brüste. Die Männer könnten sonst beim Anblick ja vielleicht Lust auf Sex bekommen und das wiederum ist verboten.

Die Eingangstür ist immer geschlossen. Betritt man das Geschäft, muss man zunächst durch einen Vorhang hindurchgehen. Das allein ist schon schwierig, weil dieses Tuch sehr dick ist. Es soll verhindern, dass Männer einen Blick hineinwerfen können, wenn die Frauen die Tür öffnen. Ist man endlich im Geschäft, darf die Frau ihren Mantel und ihr Kopftuch ausziehen. Als Nächstes wird ein Getränk angeboten. Und jetzt kann man auch sehen, was das Geschäft zu offerieren hat: schönste und feinste Unterwäsche, Seidenstrümpfe in jeder Farbe, Hausschuhe, Pyjamas und Nachthemden.

Ich suchte mir ein Schlafkleid aus und ging damit zur Kasse.

Plötzlich betrat ein aufgeregter Herr das Geschäft. Er sagte sofort: „Sorry, ich weiß, dass ich das Geschäft nicht betreten darf. Aber morgen ist Valentinstag und ich möchte für meine Frau etwas Schönes kaufen." Und dann fügte er an die Verkäuferin gewandt noch hinzu: „Bitte, sie hat Konfektionsgröße 36. Suchen Sie bitte etwas Schönes für sie aus. Ich bleibe hier und fasse auch nichts an."

Er musste sich wegen der Security beeilen, um zu verhindern, dass er sich strafbar macht. Die Verkäuferin holte schnell passende Dessous in pink. Der Herr bedankte sich, bezahlte und verließ fluchtartig das Geschäft. Nicht mal auf sein Restgeld wartete er. Ich finde, das ist ein Liebesbeweis pur. Immerhin hätte er sich dadurch strafbar machen können.

Jetzt kann man sich fragen, warum es so einen Trubel um ein Dessous-Geschäft gibt. Denn eigentlich müssten doch die Männer für ihre Frauen teure Dessous aussuchen und kaufen können, da die meisten Frauen viel zu sparsam sind. Sie würden nie knapp 100 Euro für einen BH bezahlen, nur, weil er schön ist. Vor allem, wenn sie Kinder haben, würden sie ständig überlegen, was sie für dieses Geld alles für ihre Kinder kaufen könnten.

Daher bin ich der Meinung: Bitte, Zutritt frei auch für Männer in Dessous-Geschäfte.

In allen Geschäften tragen die weiblichen
Schaufensterpuppen auch Kopftuch

Luxus

Immer wenn ich in Teheran bin, sehe ich, was wahrer Luxus bedeutet. Alleine der orientalische Baustil wirkt so luxuriös: Säulen mit Verzierungen, Türen und Fenster mit Holzschnitzereien, traumhafte Böden und Kamine aus Marmor, perfekt ausgestattete und geräumige Küchen, Badezimmer mit farbenfrohen und handbemalten Fliesen und überall feine, prächtige Mosaike.

Ornamente sind allgegenwärtig. Man findet sie auf Stoffen, Teppichen, Bauwerken und Tapeten und oft sind sie Bestandteil oder Motiv in der dekorativen Kunst, beispielsweise im Kunsthandwerk. Als einzelnes Schmuckmotiv ist es somit ein Teil der Dekoration – an Säulen sowie im Stuck der Decken oder an Hauseingängen.

Luxus findet sich auch in vielen Wohnhäusern. Es gibt viele geschmackvoll eingerichtete Häuser mit traumhaften Seidenteppichen und -vorhängen, wunderbaren Kristall-Kronleuchtern, sehr feinem Porzellan mit schönen Dekors. Die Frauen tragen gerne edlen, echten Schmuck und in den Häusern duftet es nach opulenten persischen Gerichten mit Safranreis, Pistazien und anderen Nüssen. Dazu gehört immer auch eine enorme Auswahl an Obst, Kräutern und Gemüse, duftender Safran-Tee und ein großes Sortiment an frischem Brot. Und natürlich Kaviar.

In Deutschland herrscht in den Wohnhäusern eine ganz andere Atmosphäre, es riecht dort nach nichts, nicht häuslich. Wenn es überhaupt nach etwas riecht, dann nach Büro – irgendwie leblos und ohne Flair.

Deutsche arbeiten viel, oft auch am Wochenende und versäumen, sich selbst zu verwöhnen.

Als ich bei einer meiner Veranstaltungen für die UNESCO den Dalai Lama kennenlernen durfte, sagte er zu mir: „Man soll stets versuchen, ein schönes Raumklima zu schaffen, auch wenn der Raum noch so klein ist. Durch eine schöne Einrichtung, durch Farben, Blumen, Kerzen und Bücher. Ein schönes Zuhause verlängert das Leben und tut der Seele gut."

Deutsche jedoch investieren gerne in einen Urlaub und teure Autos. Manchmal sind die Autos der Deutschen wertvoller als die gesamte Einrichtung ihres Zuhauses.

Perser leben von dem, was sie haben und verdienen. Zu sparen ist das Letzte, was ihnen einfallen würde. Sie feiern, wann immer sie wollen und bei dem geringsten Anlass. Am Wochenende haben sie stets ein volles Haus, die Familie, Freunde oder Nachbarn zu Besuch.

Persische Häuser erstrahlen in vielfältigen Farben, allein durch die farbigen Teppiche. Es riecht überall nach Leben, man spürt die Familie und dass man existiert.

Ich finde, Luxus muss man nicht in Zahlen bemessen. Für mich bedeutet Luxus auch, sich für Andere Zeit zu nehmen und sich selbst Zeit zu lassen, das Leben zu genießen und offen für das zu sein, was das Leben mir bietet, auch wenn es unerwartet kommt. Nicht immer muss alles nach Plan funktionieren und perfekt durchorganisiert sein.

Frauen und Geschenke

Geht es um Geschenke, haben es Frauen im Iran sehr gut. Schon nach der ersten Begegnung bekommen sie etwas Schönes geschenkt und bei jeder weiteren Verabredung auch. Aber nun darf man nicht denken, dass es mit einem Blumenstrauß, einer Schachtel Pralinen oder einem Abendessen getan wäre. Nein, es gibt zudem noch ein teures Parfum, echten Schmuck oder ähnlich wertvolle Geschenke.

Einmal erlebte ich, dass in unserer Nachbarschaft ein Junge bei einem Diebstahl erwischt wurde. Er heulte und sagte laut und verzweifelt, dass er verliebt sei und dass man ihn verstehen solle. Er wolle doch seine Freundin nicht enttäuschen und sie schon gar nicht verlieren.

Die Schenkerei nimmt kein Ende, wenn ein Mann seine Auserwählte für sich gewinnen möchte: Bei der Verlobung darf es nur echter Schmuck sein und die Hochzeit ist die Krönung. Alles muss vom Feinsten sein. Anderenfalls droht die bevorstehende Hochzeit zu kippen. Und so geht es immer weiter.

Ich denke, darin liegt ein Grund, warum iranische Paare, wenn sie im Ausland leben, sich oft von ihrem Partner trennen. Sie nehmen wahr, dass ihre Erwartungen zu hoch sind, und die Männer merken, dass sie nicht ständig für die

Zuneigung ihrer Frauen bezahlen müssen. Sie wundern sich, dass zum Beispiel Frauen in Deutschland keine Geschenke verlangen und manchmal sogar ihre Rechnung im Restaurant selbst bezahlen.

Die iranischen Frauen merken wiederum, dass sie nicht immer die zweite Geige spielen müssen. Sie können sich frei bewegen, brauchen keine amtlich beglaubigte Erlaubnis mehr von ihren Männern, sollten sie einmal ein paar Tage wegfahren wollen. Auch müssen sie nicht die Familie ihres Mannes um jeden Preis erdulden und deren Einmischung tolerieren. Sie merken, dass sie nicht jeden Tag in der Küche stehen müssen und sich auch keine Gedanken machen müssen, was sie wieder auf den Tisch bringen können, ob alles gut genug ist.

Perserinnen stehen permanent unter dem Stress, ersetzbar zu sein, da per Gesetz die Ehe auf Zeit erlaubt ist. Und es gibt immer viele Konkurrentinnen. Die Ehe auf Zeit nennt man *sigheh* – „Genussehe". Diese Eheverträge dauern 30 Minuten oder bis zu 99 Jahren, auch wenn die Männer bereits verheiratet sind. Bei einer zeitlich begrenzten Ehe, einer schiitischen Tradition, wird alles vorher und per Vertrag festgelegt. Vor allem die Geldsumme, die der Mann der Frau bei der Trauung auszuzahlen hat, die als „Ehegabe" bezeichnet wird. Der Ehevertrag lässt sich beliebig oft verlängern. Obwohl dieser ganze Vorgang so unkompliziert erscheint, ist eine Ehe auf Zeit ein heikles Thema.

Die Regeln für eine „Genussehe" sind in einem hellblauen Heftchen, der „Heiratsurkunde", abgedruckt. Dieses Heft ist ein Freibrief für eine gemeinsame Reise und ein

Hotelzimmer zu zweit. Ohne diese „Heiratsurkunde" würden sonst bei unehelichem Sex hundert Peitschenhiebe oder gar die Steinigung als Strafe drohen.

Männer können mehrere Frauen gleichzeitig auf Zeit heiraten. Die Scheidung erfolgt automatisch an dem Datum, bis zu dem die Ehe vorher befristet wurde. Im Vertrag steht zum Beispiel, dass das Paar von 12 Uhr am Donnerstag bis 20 Uhr am Sonntag verheiratet ist. Solche Ehe-Pässe werden in Standesämtern oder sogar in Hotels ausgestellt. Eine Ehe auf Zeit, im Hotel abgeschlossen, kostet etwa 30 Euro.

Frauen, die sich auf diese kurzen „Genussehen" einlassen, sind in der Gesellschaft nicht gut angesehen, doch oftmals zwingen Armut und Einsamkeit sie hierzu.

Nachdem ich als kleines Mädchen im Iran mitbekommen hatte, dass die Gesellschaft und vor allem die Familie Jungen als Paschas und Mädchen als Dienerinnen erziehen, wollte ich immer kurze Haare haben und wie ein Junge aussehen. Und dass, obwohl ich durch und durch ein zartes Mädchen und eigentlich stolz darauf war, ein Mädchen zu sein. Ich wollte mich aber auch so frei fühlen wie meine Brüder, die einfach am Kiosk an der nächsten Ecke etwas kaufen konnten. Ich wollte nicht in der Küche stehen und die Unterschiede zwischen Petersilie, Basilikum und anderen Kräutern von meiner Mutter erklärt bekommen, sondern neben meinem Vater sitzen und ihm beim Schachspiel mit seinen Freunden zusehen.

Mir war überhaupt nicht danach, mich auf eine kleine Welt zu begrenzen, eine in jeder Hinsicht unfaire Männerwelt.

Millionen Frauen im Orient fragen sich täglich: „Warum bin ich als Mädchen zur Welt gekommen?"

Für Perserinnen kann die Ehe mit einem europäischen Partner optimal sein. Sie erhalten Luft zu atmen und spüren Freiheit. Da Perserinnen meist häuslich, lieb, intelligent und anpassungsfähig sind, erobern sie sehr schnell das Herz der ausländischen Familie. Und wenn persische Männer etwas liberaler denken würden, könnten sie wahrscheinlich auch öfter gute Ehen nach europäischem Vorbild führen.

Als ich zum ersten Mal meinen Mann im Büro anrief, um ihn zu fragen, was ich zum Abendessen vorbereiten soll, antwortete er, dass er etwas mitbringen würde. Er besorgte frisches Brot und Käse, Oliven und Trauben, wir deckten zusammen den Tisch und räumten ihn nachher gemeinsam wieder ab. So „easy" kann das sein – für mich allerdings war das damals eine komplett neue Welt.

So wie ich es kennengelernt habe, sind deutsche Frauen vielseitig und voller Tatkraft: Sie übernehmen ihre Rolle als Mutter, kümmern sich um die Erziehung und die Hausaufgaben der Kinder sowie um den Haushalt. Nebenbei arbeiten sie im Büro, informieren sich täglich darüber, was sich im eigenen Land und global ereignet hat. Sie kümmern sich um ihre Freunde, die Familie, gehen Einladungen und anderen Verpflichtungen nach. Und alles, ohne sich zu beschweren oder einen extra Bonus dafür zu verlangen. Man kennt das auch aus der Geschichte: Die deutschen Frauen waren auch maßgeblich am Wiederaufbau des Landes nach dem Zweiten Weltkrieg beteiligt und haben schon damals gezeigt, dass sie bereit sind, kräftig mit anzupacken. Meine Hochachtung.

Dagegen ist es den deutschen Frauen heute oft nicht so wichtig, wie sie aussehen. Natürlich sieht man nach einem langen Tag müde aus, aber viele machen sich nicht die Mühe, das mit Make-up zu retuschieren oder einfach weg zu pudern. Ganz im Gegenteil: Sie sind selbstbewusst und spüren aber auch weniger Druck als persische Frauen, die einfach durch eine Jüngere ersetzt werden können. Wenn man deutsche Frauen fragt, woher sie diese Kraft nehmen, antworten sie: „Da muss man durch." Sie denken nicht viel darüber nach, sie agieren.

Historisch betrachtet, bauten die Frauen Deutschland nach dem Zweiten Weltkrieg unermüdlich und voller Einsatz auf. Manchmal vergessen sie aber auch, dass sie Frauen sind: Mitunter sprechen sie hart und ernst, wirken sogar ein bisschen männlich, lachen laut und ungehemmt. Sie haben zu allen Angelegenheiten eine Meinung, egal ob Wirtschaft, Politik oder Finanzen. Sie lassen sich nicht allein auf Küchenbelange reduzieren.

Perserinnen sind immer erstmal darum bemüht, ihre weibliche Seite zu zeigen und sie verhalten sich dementsprechend stets zart, wollen weiblich aussehen und auch so klingen. Im Iran müssen Frauen nach dem islamischen Gesetz im öffentlichen Leben eine Hose tragen. In Deutschland müssen Frauen das nicht und trotzdem ziehen viele Frauen eine Hose an. Ich finde, das lässt sie oft ein bisschen männlich erscheinen. Hätten Perserinnen im Iran die Wahl, was sie anziehen möchten, würden die meisten Frauen Röcke oder Kleider tragen.

Wenn Frauen in Teheran unter sich sind, sprechen sie oftmals über Schönheit, die Figur, den neuesten Haarschnitt, tolle Songs, die Nägel, Kleider, Schmuck und neue Geschäfte, aber leider nur wenig über Ausstellungen, Museen und andere kulturelle Belange. Perserinnen sind gerne Frauen und setzen ihren Charme überall ein, um weiterzukommen. Schöne Frauen werden in allen orientalischen Ländern bewundert und werden häufig bevorzugt. Frauen im Iran sind intelligent und trotz aller Unterdrückungen stolz und selbstbewusst.

Mein Vater und seine Pflegerin

Nachdem mein geliebter Vater einen Schlaganfall erlitten hatte, musste meine Mutter nach einer Pflegerin für ihn Ausschau halten. Sie gab eine Anzeige auf, woraufhin sich eine junge Krankenschwester meldete und sich bei uns vorstellte. In Absprache mit meinem Vater stellte meine Mutter sie ein – und mein Vater freute sich.

Eines Tages fragte meine Mutter die Pflegerin, ob sie meinen Vater auch baden würde. Sie antwortete erstmal gar nicht und tat so, als ob sie die Frage nicht gehört hätte.

Da die Krankenschwester Respekt vor meiner Mutter hatte, kam sie vor ihrem Feierabend zu mir und sagte mir ganz leise: „Wenn ich ihren Vater nackt sehen sollte und ihn anfassen müsste, müsste ihr Vater mich auf Zeit (und damit meinte sie die gesamte Pflegezeit) heiraten." Sonst ginge das gar nicht und sie würde nie einen fremden Mann nackt in den Arm nehmen können. Allerdings hätte sie nach den islamischen Gesetzen das Recht dazu.

Als sie gegangen war, sprach ich meine Mutter darauf an. Sie war sauer und sagte: „Ich suche doch eine Unterstützung und keine Konkurrentin." Also bedeutete dies, dass es keine Pflegerin mehr gab.

Ich glaube, wenn mein Vater alleine hätte entscheiden dürfen, hätte er sich nicht gegen die junge Krankenschwester und ihre Bedingungen entschieden.

Ich stelle mir gerade vor, was in Deutschland los wäre, wenn alle Pflegerinnen und Pfleger, um ihren Job zu machen, ihre Patienten heiraten müssten.

Supermarkt bei Nacht

Als ich einmal um zwei Uhr morgens bei meiner Ankunft in Teheran von einem mir bereits bekannten Taxifahrer abgeholt wurde, verspürte ich nach der langen Reise einen enormen Hunger.

Die Fahrtzeit mit dem Auto vom internationalen Flughafen bis ins Zentrum von Teheran beträgt bis zu 90 Minuten und ich wollte nicht mehr so lange warten, bis ich etwas essen könnte.

Ich fragte den freundlichen und absolut hilfsbereiten Taxifahrer, ob ich denn vielleicht irgendwo auf der Strecke etwas zu essen bekommen könne.

„Leider nein", sagte er und dann fügte er hinzu: „Aber vielleicht können wir ja unterwegs einen Supermarkt finden."

So fuhren wir los und sahen schon von weitem, dass in einem kleinen *Dokan* – so werden im Iran kleine Lebensmittelläden genannt – noch Licht an war. Wir hielten an und gingen hinein. Es war mittlerweile etwa 2:30 Uhr morgens.

Sofort kam ein Junge im Alter von etwa acht Jahren an den Verkaufstresen und fragte, als handele es sich um eine ganz normale Geschäftszeit: „Was kann ich für Sie tun?"

Ich fragte: „Bist du allein?"

„Nein", antwortete er, „mein Vater und mein Bruder schlafen da hinten und ich bediene hier bis morgen." Traurig. Ich musste sehr mit mir kämpfen, um mit ihm zu sprechen, ohne dass er meine Emotionen bemerkte.

„Ist es möglich, um diese Zeit etwas zu essen zu bekommen?", fragte ich.

„Möchten Sie etwas Kaltes oder Warmes haben?", erkundigte sich der Junge.

„Wenn es möglich wäre, lieber warm", antwortete ich und rechnete damit, dass es vielleicht eine warme Suppe oder etwas Ähnliches geben würde.

„Okay, warten Sie. Ich habe eine Idee. Sie sind doch zu Gast bei uns."

Er wusste wohl genau, dass ich im Ausland lebe und zu Besuch in Teheran war. Woher er das wusste? Ich habe keine Ahnung. Vielleicht mein Akzent?

Nach ein paar Minuten schaltete sein älterer Bruder, der inzwischen aufgewacht war, die Lichter an, breitete einen persischen Teppich auf dem Boden aus und darauf eine persisch gemusterte Tischdecke. Dann bat er uns höflich, Platz zu nehmen, brachte uns Tee und Datteln und erklärte uns mit einem Lächeln, dass sein Vater gerade dabei wäre, etwas für uns zu kochen. Es war mir wirklich ziemlich peinlich, dass sich so viele Menschen mitten in der Nacht darum bemühen mussten, mich zu versorgen.

Aber ich fand es auch schön, das Gefühl zu haben, nicht allein zu sein. Ich war froh, dass es hier in Teheran immer noch Menschen gab, denen mein Wohlergehen wichtig war. Menschen, die sich Zeit nehmen für dich und sich um dich kümmern, dir eine Freude bereiten wollen. Was für ein Einsatz mitten in der Nacht, der mit keinem Geld der Welt zu bezahlen oder wiedergutzumachen ist.

Der Vater brachte uns schließlich ein simples, aber sehr köstliches Gericht – Omelette aus Eiern, Zwiebeln, Tomaten und feinen Gewürzen mit aufgewärmten Brot und sehr, sehr viel Liebe. So ein Aufwand für einen fremden Menschen!

Solche Erlebnisse führen dazu, dass man sich dort geborgen fühlen kann. Meine Landsleute, Gott beschütze euch vor allen Verschwörungen gegen euch in der ganzen Welt. Ich liebe sie und bitte Gott, mir die Möglichkeit zu geben, diesen Menschen diese Liebe zurückzugeben.

Ich habe ein paar Jahre für die UNESCO gearbeitet und dabei viele Erfahrungen sammeln können. Ich wünsche mir, irgendwann in der Lage zu sein, in verschiedenen Teilen von Teheran kostenlose Ausbildungswerkstätten einrichten zu können für junge Leute, die nicht weiter studieren können, weil sie gegenüber ihren Familien so viel Verantwortung zu tragen haben.

Schuhmacher

Es gibt in Teheran immer noch Schuster, die im Freien arbeiten. Oft sind es ältere Männer, die sich keinen eigenen Laden leisten können, aber trotzdem bis ins hohe Alter arbeiten müssen; die sich keine Ruhe gönnen dürfen, weil sie ihre Familie zu ernähren haben. Sogar wenn es kalt ist, sitzen sie im Freien und reparieren oder polieren mit ihren vom Alter gezeichneten, vor Kälte roten Händen die Schuhe der vorbeilaufenden Passanten. Ihr einziger Besitz besteht oft aus einem Hocker, einem kleinen Tisch und einem Beistelltisch. Dort stehen oft zwei Teetassen mit Teelöffeln und eine Zuckerdose.

Auf dem Weg zum Bazar begab ich mich zu einem der Schuster und wünschte ihm höflich *Salam*, was „Guten Tag" heißt. Ich bat ihn, meine Stiefel zu polieren.

Er schaute mich freundlich an und sagte: „Okay – Sie müssen sich aber ein paar Minuten gedulden."

Und dann bot er mir außerordentlich freundlich an: „Möchten Sie frischen Tee mit Datteln?"

Ich war sehr gerührt von seiner Großzügigkeit und von seinem Charme. Was er mir zu trinken und zu essen angeboten hatte, war fast mehr wert als das, was ich ihm für das Polieren meiner Stiefel zu bezahlen hatte. Ein kleiner vom

Alter gekrümmter, bescheidener Mann mit einem großen Herzen.

Als ich ihn fragte: „Darf ich ein Foto von Ihnen machen?", antwortete er lächelnd: „Ja - aber nicht, dass ich bei Facebook lande!" Er wusste genau Bescheid über alles, was in der modernen Welt so üblich ist.

Blinder Bettler

Ich hatte schon öfter einen Bettler bemerkt, der immer in der Nähe eines bestimmten Restaurants saß und so versuchte, sich seine Brötchen zu verdienen. Er war dort allgemein bekannt und alle nannten ihn den „blinden Bettler".

Als ich eines Tages im Restaurant etwas abholte, nahm ich für den Bettler auch etwas mit. Es war gerade Mittagszeit und er hatte bestimmt Hunger.

Ich ging zu ihm hin und kniete mich vor ihm auf den Boden. Da er ja blind war, nahm ich seine Hand und legte sie auf die Packung mit dem Essen und die Flasche Cola, die ich ihm mitgebracht hatte. Das Getränk ist im Iran sehr beliebt.

„Baba, hier hast du etwas zu essen und zu trinken", sprach ich ihn an.

Baba werden ältere Männer genannt; es ist eine freundliche und respektvolle Bezeichnung, die so viel wie „Vater" bedeutet.

Er schaute mich mit seinen trüben Augen an und antwortete: „Gnädige Frau: Gott macht Sie noch schöner, als Sie schon sind."

Dabei lächelte er und dann fügte er noch hinzu: „Ein bisschen sehe ich doch noch, etwas, aber das weiß keiner."

Ich versprach ihm, dass von mir bestimmt niemand etwas erfahren würde.

Ausländer

Ausländer sind in Teheran sehr beliebt und ausländische Produkte, vor allem deutsche, gelten als etwas Positives; etwas, das Klasse hat und gute Qualität vorweist. Gerne gesehen sind Menschen aus dem europäischen und amerikanischen Raum. Für diese verwendet man im Iran die Bezeichnung „Ausländer", aber Menschen aus den Nachbarländern werden eigentlich nicht als Ausländer angesehen.

Einmal nahm ich einen Mann wahr, als ich am Flughafen in Teheran an der Passkontrolle anstand. Er wirkte sehr unentschlossen, weil er nicht wusste, in welcher Reihe er sich anstellen sollte. Es gab zwei Reihen vor der Passkontrolle, eine für Einheimische und eine für Ausländer. Dann sprach ihn jemand von der Security laut an und fragte ihn: „Sind Sie Iraner oder Ausländer?"

Er antwortete, auf eine naiv erscheinende Art: „Ich weiß es nicht, ich habe einen afghanischen Pass." Er hatte sich einfach nicht als Ausländer angesprochen gefühlt.

Ärzte

Im Iran gehen Ärzte mit ihren Patienten sehr aufmerksam und freundlich um. Sie wissen oft über die Krankheiten hinaus viel aus dem Privatleben ihrer Patienten: über die Mutter und die Großmutter, ob die Tochter die Aufnahmeprüfung an der Universität bestanden oder ob der Sohn einen neuen Job bekommen hat. Sie versuchen, ein herzliches Verhältnis zu ihren Patienten aufzubauen.

Bei unheilbaren Krankheiten wie Krebs würde ein Patient im Iran niemals vom Arzt direkt mit diesem Schicksalsschlag konfrontiert. Nie würde man von ihm hören: „Sie haben Krebs und dafür gibt es keine Heilung." Nein, die Ärzte bemühen sich, ihrem Patienten Mut zu machen, ihm zu vermitteln, dass sich auch alles anders entwickeln kann, dass immer noch Hoffnung bestehe: „Wir tun, was wir können. Der Mensch ist stärker, als er denkt. Bitte haben Sie keine Panik."

Als ich meine Tochter in Deutschland zur Welt brachte, musste ich mit tiefstem Bedauern hören, dass sie am Down Syndrom leidet. Das heißt, sie würde ein Leben mit körperlichen und geistigen Behinderungen führen müssen.

Ich war am Boden zerstört. Verzweifelt fragte ich die Ärzte, ob meine Tochter irgendwann in der Lage sein würde, mit mir zu kommunizieren. Die Antwort aller Ärzte lautete: „Eigentlich nicht. Sie geben zwar oft laute Töne von sich, aber dass ihre Tochter jemals richtig sprechen werden kann, ist sehr unwahrscheinlich." Auch die Krankenschwestern sagten mir: „Wenn Sie ihrem Kind etwas sagen möchten, müssen Sie das hundertmal wiederholen, bis es Sie versteht. Es ist sehr anstrengend. Bereiten Sie sich darauf vor."

Die Ärzte und Schwestern verhielten sich mir gegenüber sehr sachlich. Ich hätte mir sehr gewünscht, dass sie behutsamer mit mir umgegangen wären, mir Mut zugesprochen hätten. Zumal, und dafür bin ich sehr dankbar, meine Tochter ihre kommunikativen Fähigkeiten so gut entwickeln konnte, dass sich die doch sehr nüchternen Aussagen der Ärzte dahingehend im Nachhinein als falsch herausstellten.

Meine Tochter ist jetzt mittlerweile 25 Jahre alt und spricht die deutsche Sprache besser als ich. Sie ist nahezu selbstständig, malt wunderschön, tanzt und singt berührend. Ich besuchte fast vier Jahre lang dreimal pro Woche eine Computerschulung mit ihr. Daher kennt sie sich heute gut mit den neuen Medien aus und hat durch Facebook weltweit ihre Freunde. Mit ihrer positiven Lebenseinstellung und ihrer feinen Seele ist sie unser Sonnenschein.

Und mein Mädchen hat wunderschöne blaue Augen. Ich hatte mir immer eine Tochter mit blauen Augen gewünscht.

Als ich einmal in Teheran eine schwerkranke Verwandte in einem Krankenhaus besuchte, fragte diese den Arzt: „Herr Doktor, betrachten Sie meine Situation als aussichtslos? Habe ich noch eine Chance?"

Der Arzt wusste genau, dass sie keine Chance mehr hatte, wieder ganz gesund zu werden.

Trotzdem ließ er sich nichts anmerken und sagte, um sie zu beruhigen: „Wir Ärzte sind im Vergleich zu Gott, nur winzig kleine Figuren. Sie haben doch einen allmächtigen Gott und er mag seine Geschöpfe. Haben Sie bitte Vertrauen zu Gott und zu uns. Wir tun unser Bestes und Gott herrscht über uns."

Privatpraxen in Teheran sind wunderschön. Oft arbeiten die schönsten jungen Frauen als Arzthelferinnen, meist sind sie nicht älter als 30 Jahre. Ich habe selten ältere Arzthelferinnen in Privatpraxen gesehen.

Einmal erlebte ich, wie ein Patient hereinkam und zum Arzt sagte: „Herr Doktor, ich komme krank in Ihre Praxis herein. Aber nachdem ich hier so viele schöne Mädchen gesehen habe, geht es mir wieder gut und ich kann wieder nach Hause gehen." Humor und Komplimente gibt es immer.

Die hübschen Arzthelferinnen erhalten von den Patienten oft Geschenke, vor allem von den Herren. Diese allerdings versuchen normalerweise, ihre Geschenke heimlich zu übergeben.

Eines Tages, als ich meinen Bruder in seiner privaten Praxis für Schönheitschirurgie im Norden von Teheran besuchte, beobachtete ich, wie herzlich er mit seinen Patienten umgeht. Er umarmte sie und fragte mit größtem Interesse, wie deren Urlaub war, ob sie sich gut erholt und ob sie schöne Fotos mitgebracht hätten.

Niemand beschwert sich, wenn er warten muss, bis er an die Reihe kommt. Dass es zu Wartezeiten kommt, ist für die Patienten ganz menschlich. Manche lächeln sogar darüber und sagen: „Der Herr Doktor ist so lieb und kümmert sich in jeder Hinsicht um seine Patienten: körperlich und seelisch."

Die Umgangsformen der Ärzte gegenüber ihren Patienten sind in Teheran alles andere als distanziert oder nur vordergründig freundlich. Es ist zu spüren, dass ihr Bemühen wirklich von Herzen kommt und das nehmen ihre Patienten auch entsprechend wahr.

Festtage

Für Ausländer ist es wichtig zu beachten, dass im Iran der Freitag der Feiertag ist und die Woche mit dem Samstag beginnt. Außer dem wöchentlichen Feiertag gibt es aber auch noch andere wichtige Tage im Kalender. Zum neuen Jahr beispielsweise sind zwei Wochen lang alle öffentlichen Einrichtungen und einige Geschäfte geschlossen.

In der Nacht zum letzten Mittwoch des Jahres feiert man *Charshanbe Suri*, was so viel wie „Mittwochsfeuer" bedeutet und bereits zum Neujahrsfest gehört. Bei dem Fest werden überall kleine Feuer entzündet und dann verlangt es die Tradition, dass alle, Jung und Alt, noch vor dem Sonnenuntergang über das Feuer springen. Ich erinnere mich, dass wir, als wir klein waren, von unseren Eltern umarmt wurden und dann über das Feuer sprangen.

Außerdem bittet man das Feuer um Reinigung und sagt „Meine Blässe möge Dir gehören und Deine Röte mir", wobei die Röte für Stärke, Energie, Wärme und Gesundheit steht und die Blässe das Symbol für Schwäche, negative Energien und Krankheiten ist. Das Feuer soll alles Negative und Unangenehme verbrennen und mit dem Rauch nach oben schicken.

Dieses Fest war früher sehr unterhaltsam und verlief ohne Zwischenfälle, doch heutzutage benutzen die jungen

Leute es leider oft, um sich richtig auszutoben. Im Gegensatz zu früher werden heute manchmal riesige Feuer entzündet und es kommt dabei zu Unfällen und Verletzungen. Gerade die jüngere Generation feiert an diesem Abend sehr ausgelassen; sie fühlen sich frei, singen, tanzen und lachen.

Kurz danach folgt dann *Nouruz*, das persische Neujahrsfest, das zugleich ein Frühlingsfest ist und am 20. oder 21. März gefeiert wird. Das Fest hat eine tausende Jahre alte Tradition.

Den ganzen Tag über werden Vorbereitungen getroffen und ein Frühjahrsputz gemacht. Vorher hat man schöne neue Kleidung gekauft, weil man bei der Zeremonie unbedingt was Neues anziehen muss, von Kopf bis Fuß. Weil das aber alle machen, sind die Einkaufsstraßen an diesen Tagen überfüllt.

Die Uhrzeit, zu der das neue Jahr beginnt, ändert sich jedes Jahr; manchmal ist es abends, manchmal nachmittags oder früh am Morgen. Es wird auf die Sekunde genau gefeiert.

Kurz vor Beginn des neuen Jahres versammelt sich die Familie und betet zusammen, vor allem für Frieden und eine bessere Welt, aber auch für persönliche Wünsche. Nach dem Jahreswechsel küssen sich alle, oft wird ein Gedicht vorgetragen und dann werden die Geschenke ausgetauscht. Es ist üblich, dass die älteren die jüngeren beschenken und die reichen die armen.

An diesem Tag isst man ein besonderes Gericht, das *Sabzi polo* heißt und aus Reis mit Kräutern besteht, dazu gibt es Fisch.

Kleine Kinder bekommen an *Nouruz* von den Verwandten kleine Geschenke oder einen Geldschein. Viele Menschen besuchen zu dieser Zeit ihre Verstorbenen auf dem Friedhof und beten für deren Seelen.

Der letzte Teil der Feierlichkeiten zu Neujahr ist *Sizdah be-dar* und wird dreizehn Tage nach Neujahr, also am 1. oder 2. April gefeiert. An diesem Tag gehen die Perser aus dem Haus, um im Freien zu picknicken, zu spielen und zu singen. Manchmal spielt man sich auch kleine Streiche, wie in Deutschland am 1. April.

Zur Tradition gehört es, dass man Samen, die man vor dem Beginn des *Norouz* angepflanzt hat, in einen Fluss wirft, was den Kreis des Lebens symbolisieren soll.

Ein weiterer Brauch besteht darin, dass junge unverheiratete Frauen zwei Grashalme miteinander verknoten und sich dabei ganz innig einen Ehemann wünschen.

Manchmal kann man auch ältere Frauen, die noch Single sind, beim Verknoten zweier Grashalme beobachten, auch wenn diese das meist weit weg von den anderen tun. Sie glauben fest daran, dass sie auf diese Weise den ersehnten Partner finden und keine alleinstehende Frau möchte diese Gelegenheit verpassen und bis zum nächsten *Sizdah be-dar* darauf warten.

Charshanbe Suri und *Sizdah be-dar* sind rein persische Feste, keine muslimischen und sie werden seit Zarathustras Zeiten jährlich gefeiert. Dasselbe gilt auch für *Mehrgan*. Dieses ist ein Fest der Freundschaft, aber auch ein Erntedankfest, das am 8. Oktober gefeiert wird. Das Datum steht für den Beginn der kalten Jahreszeit und so bedankt man sich der Tradition zufolge noch einmal beim altiranischen Gott des Lichts und bittet darum, dass die Ernte des Jahres ausreicht, bis das Frühjahr kommt.

Im Sommer schließlich steht das sogenannte Regenfest an, *Tirgan*. Auch dieses Fest geht auf uralte altiranische Traditionen zurück, genauer gesagt auf den Engel Tir, der in einer Zeit langanhaltender Dürre den Regen gebracht haben soll.

Persische Hochzeit

Über persische Hochzeiten und alles was dazugehört könnte man ein ganzes Buch schreiben.

Persische Hochzeiten sind sehr schön, der Weg bis dahin kann aber sehr kompliziert sein. Die Perser sind insbesondere bei Hochzeiten sehr traditionell und halten sich weitgehend an die Bräuche, die in der persischen Kultur stark verankert sind. Für das Brautpaar, Verwandte und Freunde sind die Hochzeiten und alles was im Vorfeld dazu gehört, etwas ganz Besonderes.

Doch eine Hochzeit besteht nicht nur aus der Trauung und der Hochzeitsfeier. Bis es soweit ist, müssen viele Punkte geklärt und die Einhaltung der üblichen Bräuche sichergestellt werden.

Dazu muss man generell wissen, dass es sich bei einer Hochzeit nicht nur um eine Bindung zwischen Mann und Frau handelt, sondern um die Verbindung von zwei Familien. Das beginnt schon damit, dass der Mann nicht nur einen Antrag bei seiner Traumfrau macht, sondern sich bei den Eltern der zukünftigen Frau vorstellen muss, um sie um die Hand ihrer Tochter zu bitten. Natürlich geschieht dies in aller Form und mit dem entsprechenden Respekt. Unterstützung erhält der Mann bei diesem Antrag von seinen Eltern und eventuell auch von seinen Geschwistern. In der Regel ruft die Mutter des Bräutigams die Mutter der Braut an und bittet um einen Empfang, um einen formellen Antrag zu stellen. Bei dem Besuch im Haus der Eltern der Braut werden Nettigkeiten ausgetauscht und es wird über eine mögliche Hochzeit gesprochen. Auch wenn sich der Mann und die Frau im Vorfeld einig sind, dass sie den Bund der Ehe eingehen wollen, um den Rest ihres Lebens gemeinsam verbringen zu wollen, ist diese traditionelle Förmlichkeit bei den Persern absolut notwendig. Das Treffen dient auch dem gegenseitigen Kennenlernen beider Familien und der zukünftige Bräutigam bringt zu diesem Besuch Blumen und eventuell Süßigkeiten mit.

Die offizielle Zustimmung der Braut und ihrer Eltern wird im Rahmen einer kleinen Feierlichkeit im Elternhaus der Braut verkündet. Bei diesem Treffen, das *Balebroon* heißt, werden die weiteren organisatorischen Planungen besprochen. Dazu gehört, wann und in welchem Umfang die weiteren Feierlichkeiten wie Verlobungsfeier, Trauung und Hochzeitsfeier stattfinden. Ein ganz wichtiger Punkt dabei ist die Festlegung einer Morgengabe, der *Mehrie*. Dabei handelt es sich um einen großen Wert, beispielsweise Geld, Gold, ein Grundstück oder sogar ein Haus. Falls es zu einer Scheidung kommen sollte, hat der Mann einen in Vorfeld festgelegten Wert an seine ehemalige Frau zu entrichten. Diese Summe wird sogar in der Heiratsurkunde vermerkt. Somit hat die Frau im Falle einer Trennung gesetzlich einen Anspruch auf diesen Wert. Überhaupt ist eine Hochzeit im Iran eine sehr kostspielige Angelegenheit für den Mann, denn auch weitere Verwandte müssen beschenkt werden. Viele junge Männer mit beschränkten finanziellen Möglichkeiten stehen deshalb häufig vor einer großen Herausforderung.

Die Trauung und die Hochzeitsfeier finden oft am gleichen Tag statt. Es kommt aber auch vor, dass dazwischen Wochen oder auch Monate vergehen.

Die Trauung heißt im persischen *Aghd* und findet in der Regel im Elternhaus der Braut statt. Die Trauungszeremonie findet üblicherweise an einem Nachmittag statt. Dabei wird eine geistliche Autorität ins Haus einbestellt, der die Trauung vollzieht und beurkundet.

Es wird eine Tafel auf dem Boden mit diversen Gegenständen hergerichtet, dazu gehören ein Spiegel, ein paar Kerzenleuchter, ein Koran, Blumen, Honig, ein paar Zuckerhüte, Brot, Käse, frische Kräuter, Kandiszucker, Süßigkeiten, rote Äpfel, Goldmünzen und jede Menge Dekoration. Diese Gegenstände symbolisieren Werte wie Glück, Reichtum, Ehrlichkeit, Hoffnung, Fruchtbarkeit, ein langes Leben und den Segen Gottes.

Während der Zeremonie sitzt das Brautpaar gegenüber der Tafel und die Gäste stehen hinter dem Brautpaar. Es ist Brauch, dass junge Mädchen und Frauen ein weißes, seidenes Tuch über das Brautpaar spannen und darüber, als Symbol für Glück, zwei große Zuckerhüte aneinander reiben.

Nachdem der Geistliche aus dem Koran gelesen und über die Werte der Ehe gesprochen hat, fragt er die Braut, ob sie mit dem Bräutigam den Bund der Ehe eingehen möchte. Es ist Tradition, dass die Braut zweimal gefragt wird ohne eine Antwort zu geben. Erst beim dritten Mal gibt die Braut das Ja-Wort, allerdings auch dann nur mit dem Zusatz „mit Erlaubnis meiner Eltern". Bei dem Bräutigam ist die Angelegenheit recht einfach - er sagt direkt ja.

Nach dem Tausch der Eheringe wird der offizielle Teil der Trauungszeremonie mit dem Austausch von Honig abgeschlossen. Dabei tauchen Braut und Bräutigam ihren kleinen Finger in eine Honigschüssel. Anschließend lecken sie sich gegenseitig den Honig vom Finger ab, als Zeichen für ein süßes gemeinsames Leben.

Dann steht noch die Hochzeitsfeier am Abend bevor. Bei solch einer Feierlichkeit sind 200 oder mehr Gäste keine Seltenheit. Die Feier findet meistens in speziellen Hochzeitssälen statt und auch hier wird an nichts gespart. Es wird sehr pompös gefeiert, mit Live-Musik und reichhaltig mit Blumen und Dekorationen geschmückten Tischen, auf denen reichlich Getränke, Obst und Süßigkeiten stehen.

Nicht anders als in Deutschland gehört der erste Tanz dem Brautpaar. Nach und nach kommen die Gäste auf die Tanzfläche dazu. Es wird sehr viel getanzt. Auch im Iran gehört eine Hochzeitstorte dazu, die vom Brautpaar angeschnitten wird. Das sehr reichhaltige Hochzeitsessen wird üblicherweise spät am Abend serviert.

Am späten Abend neigt sich die Feier dann dem Ende zu. Es kommt die Zeit, zu der der Bräutigam seine Braut mit in das gemeinsame Heim führt. Es fließen viele Tränen, wenn sich die Braut endgültig von ihren Eltern verabschiedet, um einen neuen Lebensabschnitt zu beginnen.

Beerdigungen

Der Verlust eines Menschen ist überall traurig, aber die Art und Weise, wie man einem Toten im Iran die letzte Ehrung erweist, macht es noch trauriger.

Die Friedhöfe im Iran sind selten schön, weder sind sie grün, noch haben sie irgendein Flair. Sie sind staubig, es gibt nur Gräber und viele davon stehen auch noch leer. Das heißt, es gibt viele große Löcher und daneben jede Menge Erde. Wann immer ich dort auf einem Friedhof bin, bekomme ich Angst und möchte sofort wieder gehen.

Dabei muss man wissen, dass ein muslimischer Toter nackt, nur in ein weißes Tuch gewickelt, in das Grab gelegt wird. Die Leiche darf nicht in einem Sarg beerdigt werden, da der Tote auf der Erde liegen muss. Auf den Toten werden dann Erde und Steine geschüttet. Eine solche Zeremonie mitzuerleben ist sehr schmerzhaft.

Als ich als kleines Mädchen bei der Beerdigung meines Großvaters dabei sein durfte, sagte ich heulend und ängstlich zu meiner Mutter: „Wenn ich sterbe, möchte ich nicht so begraben werden. Ich möchte nicht, dass mein Gesicht, mein Körper sofort durch solche schweren Steine zerstört wird. Das ist unfair", und ich fügte hinzu: „Wenn ein Baby begraben werden sollte oder ein junges schönes Mädchen, werden diese auch mit Steinen zugeschüttet?"

Bei einer Beerdigung sind alle schwarz gekleidet. Die Männer tragen Bärte, denn wenn sie trauern, rasieren sie sich nicht. Es wirkt zwar ungepflegt, ist aber ein Zeichen der Trauer. Frauen sind bei diesem Anlass und nur in diesem Fall ungeschminkt. Manche Angehörige sitzen stundenlang am Grab und weinen. Es kommt auch vor, dass sich einer der Trauernden schluchzend auf das Grab wirft und laut schreit: „Ich möchte ohne dich nicht weiterleben!"

Ich empfinde das als chaotisch und unerträglich. Im Iran konnte und kann ich Beerdigungen seelisch nicht verkraften. Es ist zu traurig und ich werde davon emotional überwältigt.

Bei der Beerdigung steht ein Geistlicher am Grab und hält eine Rede. Es wird vieles über den Verstorbenen gesagt, auch manches, was gar nicht stimmt.

Vielleicht halten sie auch eine universelle Rede. Einmal habe ich bei einer solchen Rede beinahe einen Lachanfall bekommen, weil ich dachte, dass der Redner ganz bestimmt den Verstorbenen verwechselt haben und die Rede für jemand anderen gedacht gewesen sein musste.

Muslime müssen ihre Toten sobald wie möglich begraben. Es dürfen höchstens ein oder zwei Tage nach dem Tod bis zur Beerdigung vergehen. Deswegen bleibt oft wenig Zeit, um das Begräbnis zu organisieren. Leben nahe Verwandte im Ausland, ist es für sie so kaum möglich, bei der Beerdigung dabei zu sein.

Nach der Zeremonie werden die Trauergäste von einem der nächsten Verwandten zum Essen eingeladen. Man trifft sich im Haus des Verwandten, in einem Restaurant oder in einem angemieteten Raum. Beim Essen sprechen sie über den Verstorbenen und bekommen fast wieder einen Weinkrampf. Es wird nur Tee und Wasser getrunken.

Als ich noch nicht lange in Deutschland lebte, begleitete ich meinen damaligen Mann zur Beerdigung seines Onkels. Ich traute meinen Augen nicht. Die Trauergäste waren schick und elegant gekleidet. Die Frauen waren leicht geschminkt, trugen schöne Kostüme und wunderschöne Hüte oder ein schwarzes Tuch als Kopfbedeckung.

Es gab sehr viele Blumenkränze, viele mit einer großen Schleife versehen, auf der der Name der Familie zu lesen war. Der Onkel sollte auf einem Privatgrundstück in Österreich auf der Bergspitze in einem Naturpark begraben werden. Er gehörte zum deutsch-österreichischen Adel.

Der Weg zum Grab war mit schönen, frischen Blütenblättern ausgelegt. Wunderschön, harmonisch. Rechts und links war der Weg von unzähligen alten Bäumen gesäumt. An jedem Baum war ein großer Blumenkranz befestigt, jeder mit einer großen Schleife, auf der ein Familienname geschrieben stand, aus allen Adelshäusern aus ganz Europa und von großen Firmen wie Mercedes-Benz. Die Farben der Schleifen entsprachen der Flagge des Hauses und die Schleifen trugen ebenso deren Wappen darauf. Ein Traum.

Die Trauergäste schritten still den Weg entlang, die Frauen immer rechts von ihren Männern, in einem schönen Kostüm mit einem eleganten Hut oder einem langen Tuch, was noch eleganter wirkte. Die Damen trugen Schuhe mit flachen Absätzen, drei bis vier Zentimeter hoch, weil es eleganter, bequemer und ruhiger beim Laufen ist und ganz kleine Handtaschen. Die Herren trugen elegante Anzüge mit einer gelben Rose im Revers, passend zu den Grabblumen.

Der Sarg war mit Blumen bedeckt, ausschließlich in der Farbe des Hauses, der Farbe der Flagge und des Wappens. Sechs Herren in Zweier-Reihen hoben den Sarg auf die Kutsche. Die Kutsche fuhr ganz langsam an. Ganz vorne und kurz hinter der Kutsche kamen die älteren Trauergäste, die nicht mehr gut laufen konnten. Es gab viele schwarze Mercedes, ebenfalls mit Blumen und einer Schleife in der Farbe des Hauses geschmückt, schwarz-gelb. Ganz einheitlich.

Hinter den Älteren lief die jüngere Generation still und leise zum Grab. Die Kutsche, die Limousinen und die Gäste bewegten sich alle ganz langsam und ruhig. Nur die Schritte auf dem Weg waren zu hören.

Der Priester stand am Grab in einem sehr schönen Gewand. Während der Sarg in das Grab heruntergelassen wurde, spielten Musiker rechts vom Grab stehend Marschmusik und junge Uniformierte feuerten links vom Grab Kanonenschüsse ab.

Dann konnten die Trauergäste noch einmal von dem Verstorbenen Abschied nehmen. Vor dem Grab standen zwei große Vasen aus Terrakotta. Eine war gefüllt mit gelben Rosen und die anderen mit Erde. Daneben eine kleine Schaufel. Nun schritten die Gäste einzeln an das Grab, erbaten den Segen für die Seele des Verstorbenen und warfen danach eine Rose ins Grab sowie ein Schaufel Erde. All dies geschah in aller Stille.

Als mein Mann und ich vor dem Grab standen, wurde ich plötzlich von Emotionen überwältigt. Ich dachte an iranische Beerdigungen und fiel in einen Weinkrampf. Mein Mann, der das sofort bemerkte, versetzte mir mit seinem Ellenbogen einen Stoß und sagte ganz leise zur mir: „Du sollst deine Gefühle kontrollieren. Schaue die Kinder des Onkels an, wie sie aufrecht wie Soldaten am Grab stehen. Sie zeigen ihre Emotionen nicht in der Gesellschaft."

Weiter fügte er hinzu: „Trauern kann man diskret und in Stille ganz für sich allein…"

Nach der Beerdigung begaben wir uns in ein Schloss, in einen wunderschön mit Blumen und Kerzen geschmückten Raum. Vor dem Eingang stand ein Tisch, darauf war ein großes Bild des Onkels aufgestellt, eine Kerze und Blumen. Daneben lagen ein Kondolenzbuch und ein eleganter Füller bereit. Jeder konnte ihm in Stille seine letzte Ehre erweisen, etwas Schönes im Gedenken an ihn niederschreiben und sich ganz persönlich von ihm verabschieden.

Es wurde ein Menü sowie Wein und Wasser serviert. Während des Essens unterhielten sich die Gäste dezent, ohne zu weinen. Sie hatten sich bereits von dem Verstorbenen verabschiedet und das Leben ging weiter.

Wie diszipliniert die Deutschen sich verhalten und wie logisch sie denken können.

Bei den Muslimen wird am dritten, am siebten und am vierzigsten Tag sowie ein Jahr nach dem Tod des Verstorbenen die Trauerfeier wiederholt. Auch das gibt es in Deutschland nicht. Jeder kann dann zum Friedhof gehen und um seine Liebsten trauern, wann er das möchte, ohne bestimmte Tage dabei einhalten zu müssen. Was für ein Unterschied!

Als sich die Beerdigungsfeier für den Onkel meines Mannes dem Ende neigte, fragte ich meinen Mann: „Wenn ich sterbe, werde ich dann auch so beerdigt werden?" Darauf antwortete er mir: „Ja, selbstverständlich!"

Jetzt konnte ich meine Angst loslassen, die Angst zu sterben und beerdigt zu werden.

Banken

Banken im Iran sind so, wie man sie sich als Kunde wünschen würde. Alle Geschäfte werden persönlich von Mensch zu Mensch abgewickelt – herzlich und freundlich.

Banken befinden sich in schönen Gebäuden, die Eingangstüren aus massivem Holz strahlen einem gediegen entgegen, auch die Inneneinrichtung sowie die Wände bestehen aus edlem Holz. Im Wartebereich stehen elegante Ledermöbel, die dem Kunden die Wartezeit angenehm gestalten, sollte er einmal warten müssen. Alles ist sehr geschmackvoll und einladend eingerichtet.

Und was am schönsten ist: Wohin man auch blickt, man sieht überall, worum es bei einem Bankgeschäft geht – Geld in Hülle und Fülle. Die Scheine liegen, sortiert nach Wert und Farbe, gebündelt mit einer weißen Schnur, „kiloweise" allerorts, auf dem Tisch des Bankenchefs und vor den Mitarbeitern. Geld im Wert von Millionen.

Möchte ein Kunde eine hohe Summe Geld abheben, kann der Bankmitarbeiter die Scheine direkt vom Stapel nehmen. Das Geld liegt vor ihm bereit. Aus Sicherheitsgründen trennt deswegen ein Panzerglas die Bankangestellten von den Kunden.

Auf der anderen Seite sind Banken im Iran oft ziemlich voll und man muss eine Nummer ziehen und oft lange warten, bis man drankommt. Da es kein Online-Banking gibt, müssen die Menschen für alle Bankgeschäfte zur Filiale gehen.

Die Bankmitarbeiter sind sehr hilfsbereit und freundlich. Häufig servieren sie ihren Kunden eine Tasse frischen Tee und Datteln.

Es kann auch vorkommen, dass eine Frau mit dem Sparbuch oder der Bankkarte auch noch eine Einladung erhält. Lieb geschrieben und vorsichtig formuliert. Das gehört dann zwar nicht zum Service, aber die Perser sind so lebensfroh… Es ist überall möglich, in Kontakt oder zusammenzukommen.

Wünsche werden wahr

Als junges Mädchen, wenn ich manchmal an Heiraten und Kinder gedacht habe, wünschte ich mir so sehnsüchtig einen blauäugigen Blondschopf als Sohn - eigentlich undenkbar bei meiner persischen Herkunft. Doch manche Wünsche werden wohl erhört.

Viele Jahre später, in meiner zweiten Heimat Deutschland, habe ich diesen blauäugigen Blondschopf bekommen. Mein Sohn ist jetzt schon ein junger Mann, studiert in Wien Psychologie und ist ein wunderbarer Mensch - einfühlsam, höflich und sehr hilfsbereit.

Er wohnt in einem Haus mit noch drei weiteren Studenten, zwei davon studieren Philosophie und der Dritte ebenfalls Psychologie wie er. Gott weiß, worüber sie sich am Abend in der Küche unterhalten und ob ich sie je verstehen würde.

Als mein Sohn noch sehr klein war, waren wir zum Sylvesterabend bei meiner Schwiegermutter eingeladen. Nach dem Essen sollte gemeinsam gespielt werden, auch die 93-jährige Nanny meiner Schwiegermutter war dabei. Mein Sohn packte das Spiel aus, und da er grade ein bisschen lesen konnte verkündete er stolz: „Ein Spiel für alle von 5 – 90 Jahren!"

Wir begannen mit dem Spiel, hatten Spaß - als irgendwann die Nanny auch zum Spielen hinzukommen wollte, da sagte mein Sohn zu ihr: „Liebe Nanny, du kannst leider nicht mitspielen, denn du bist über 90."

Wir hatten früher Katzen - und so habe ich natürlich auch öfter Katzenfutter gekauft. Meine Kinder stapelten gerne die Dosen in den Einkaufswagen.

Eines Tages im Sommer besuchten wir unsere Nanny (deren richtiger Name Emmi lautete) in ihrer eigenen kleinen Wohnung. Emmi war alt, hatte kaum noch gute Zähne und konnte aufgrund ihres Alters nicht mehr aufwendig für sich kochen. Daher hat sie sich oft Essen in Dosen besorgt – z.B. Thunfisch.

Mein Sohn hatte Durst und fragte Emmi, ob er an den Kühlschrank gehen und sich etwas zu trinken nehmen dürfe. Emmi sagte daraufhin „Ja gerne" und mein Sohn marschierte los. Als er die Tür des Kühlschranks öffnete und darin viele kleine Dosen erblickte, schmiss er die Tür schnell wieder zu und kam zurück zu Emmi.

Er sagte: „Wieso isst Du Katzenfutter? Liebe Emmi, du sollst dir was kochen oder für dich Pizza bestellen - aber doch nicht den Tieren das Essen wegnehmen."

Mein Sohn war ungefähr 9 Jahre alt als er mich eines Tages bat, ihn zu einem Freund zu fahren.

Im Auto bemerkte ich, dass er eine kleine Tasche bei sich hatte und versuchte, diese vor mir zu verstecken.

Aus Neugier fragte ich ihn, was er in seiner Tasche habe. „Nichts" antwortete er einsilbig. Ich war neugierig und habe extra an einer Tankstelle gehalten – er mochte Tankstellen sehr. Während ich tankte, konnte er nach Zeitschriften schauen und sich etwas zu trinken holen – und da habe ich die Gelegenheit genutzt und in seine Tasche gesehen. Darin befanden sich seine neuen Schuhe.

Als er zurück kam fragte ich ganz vorsichtig, warum er die Schuhe bei sich hätte. Er entschuldigte sich und sagte mit gesenktem Kopf: „Der Bruder von meinem Freund hat bald Konfirmation und mein Freund Luca hat keine passenden Schuhe, die Familie kann es sich nicht leisten, für alle Kinder neue Sachen zu kaufen Ich möchte ihm meine Schuhe geben."

Ich umarmte ihn und sagte, dass ich sehr stolz auf ihn und seine gute Tat sei.

Meine beiden Kinder wollten eines Tages unbedingt Meerschweinchen haben – da waren sie ungefähr im Alter von sechs und acht Jahren. Meine Tochter wünschte sich ein weibliches, mein Sohn ein männliches Tier. Um zu verhindern, dass wir immer wieder Nachwuchs bekommen, haben wir uns dennoch dazu entschieden, zwei männliche Tiere zu kaufen.

Mein Sohn hat es sofort bemerkt, meine Tochter aber nicht und so nannte sie ihr vermeintlich weibliches Meerschweinchen „Anastasia" und mein Sohn seines „Philipp".

Nach einigen Monaten saßen beide vor dem Käfig der Meerschweinchen, meine Tochter beschwerte sich bei ihrem Bruder und fragte: „Wieso bekommen sie keine Kinder?"

Mein Sohn sagte ganz ruhig: „Sie können keine Kinder bekommen, sie sind nämlich schwul."

Wo auch immer er in seinem Alter solche Informationen her hatte, bestimmt von der Schule.

In irgendeinem Sommer nahm meine Freundin mich und meine damals noch kleinen Kinder mit nach Spanien. Eines Tages gingen wir gemeinsam zu einem Stierkampf, ich war noch nie bei einem solchen Ereignis und wusste nicht, wie grausam es werden würde.

Schon kurz nach Beginn des Stierkampfes habe ich bemerkt, dass ich so etwas nicht mit ansehen kann, meine beiden Kinder waren außer sich und wütend, denn sie lieben alle Tiere (als mal jemand meinem Sohn sagte, dass sein Hund hässlich sei, antwortete dieser zwar ruhig, aber traurig: „Tiere können nicht hässlich sein".)

Wir haben dann die Arena verlassen und in einem Café auf die anderen gewartet. Meine Kinder wussten nicht, dass man am Ende des Kampfes den Stier töten würde, es war bis dahin schon schlimm genug.

Irgendwann kam meine Freundin aufgeregt zu uns in das Café und fragte mich, ob ich mit den Kindern alleine zurückfahren könnte. Ihr Mann war einer der Sponsoren und hatte eine Torero-Ausbildung finanziert, und da sich der Torero schwer verletzt hatte, wollten sie zum Krankhaus fahren und sich nach seinem Zustand erkundigen.

Meine Tochter schaute sie an und sagte: „Nimm mich bitte mit, ich mache mir auch Sorgen um den Stier, er war auch ganz schön verletzt."

Und mein Sohn sagte: „Tiere zu verletzen ist weder Spiel noch Sport!"

Kinder

Im Iran sind Kinder bei allen familiären Angelegenheiten mit dabei, in guten und in schlechten Zeiten. Dadurch bekommen sie ein Gefühl füreinander und vor allem sammeln sie von Kindesbeinen an kostbare Erfahrungen.

Ein achtjähriger Perser weiß manchmal mehr über das Leben, und kann daher in vielen Situationen besser zurechtkommen, als ein 14-Jähriger in Deutschland.

Auf der anderen Seite ist es bei persischen Eltern oft zu beobachten, dass sie zu viel durchgehen lassen und nicht richtig streng sein können. Manchmal werden die Kinder, die so erzogen werden, später einmal verwöhnt und rechthaberisch.

In Teheran gibt es viele Eltern, die auf ihre Privatsphäre verzichten und sich ganz und gar den Kindern widmen.

Kinder dürfen vieles mitanhören, was in der Familie erzählt wird, auch traurige Geschichten. Perser sind davon überzeugt, dass sowohl gute als auch schlechte Momente ganz selbstverständlich mit zum Leben gehören. Kinder dürfen auch Unangenehmes erfahren und dadurch Erfahrungen sammeln.

Iranische Kinder kümmern sich oft bemerkenswert gut um ihre Eltern und versuchen, ihnen alles recht zu machen.

Bei persischen Kindern finde ich es schön, dass es vielen Kindern bewusst ist, dass sie von ihren Eltern im Laufe des Lebens viel Liebe bekommen haben und dass sie diese Liebe dann zurückgeben, wenn die Eltern alt geworden sind.

Eine meiner Schwägerinnen lebt in Teheran, ihre Mutter in Schweden. Immer wenn ihre Mutter ins Krankenhaus muss, fliegt sie zu ihr, übernachtet im Krankenhaus und tut das Bestmögliche für ihre Mutter.

Sie sagt: „Gerade wenn man alt ist, braucht man ein Händchen zum Halten, braucht man Liebe und Wärme."

Vor ein paar Jahren bekam der iranische Film „Nader und Simin – Die Trennung" einen Oskar für den besten fremdsprachigen Film (Originaltitel „*Dschodai-ye Nader az Simin*", 2011), weil es genau um dieses Thema geht: Der Film handelt von einem jungen Ehemann, der nicht auf seinen alten, kranken Vater verzichten will und diesen unbedingt und unter allen Umständen bei sich behalten will.

Als meine Kinder noch klein waren, erhielten wir oft Besuch von meiner Schwägerin. Sie flüsterte meinem Mann irgendetwas zu und versuchte zu ignorieren, was ich von meiner Mutter und Großmutter gelernt hatte.

Meine Schwägerin war und ist die absolute Besserwisserin der Familie. Bereits früh am Abend musste ich meine Kinder in deren Zimmer bringen, Licht ausmachen und ihnen „Gute Nacht" sagen. Ich sollte sie in Ruhe lassen, auch wenn sie nicht schlafen konnten und deshalb schrien. Ich höre ihre Schreie noch immer, habe noch immer ein schlechtes Gewissen, dass ich meinem Bedürfnis nicht nachkam, bei ihnen zu sein, bis sie einschlafen konnten. Währenddessen musste ich im Wohnzimmer sitzen und die Gespräche über Wetter, Reisen, Winterangebote oder neue Steuergesetze mitanhören. Nach jedem zweiten Satz sagten sie mir, dass ich hier lebe und hier andere Regeln herrschen. Ich musste das akzeptieren und mich damit abfinden. Kurz gesagt, ich hatte mich anzupassen.

Wie kann sich ein Baby nach der Geburt alleine in einem Zimmer wohl fühlen? Neun Monate wuchs es wohlbehütet im Bauch seiner Mutter und dann ist es plötzlich von einem auf den anderen Tag ganz allein in einem Zimmer. Leider geht das häufig auch so weiter, wenn aus den Babys kleine Kinder werden. Weiter sollen sie früh zu Bett gehen, in der Zeit, in der der Vater nach Hause kommt. Ohne großen Wortwechsel.

„Bussi, Bussi und ab ins Bett, Licht aus und schlafen."

„Aber Papi, ich wollte ...!"

„Wir reden mal am Wochenende."

Aber am Wochenende sieht es auch nicht besser aus. Es ist leider oft so, dass Kinder in Deutschland weniger Kontakt zu ihren Vätern haben als zu ihren Müttern. Und ganz oft kann man hören: Die Eltern brauchen Zeit für sich. Ich jedoch frage mich, was ist denn wichtiger als die Kinder?

Die Kinder wohlhabender Familien werden in vielen Fällen sehr früh in ein Internat geschickt. Manchmal sind deren Eltern sogar dann auf Reisen, wenn die Kinder in den Ferien nach Hause kommen wollen. Und dann beklagen sich die Eltern darüber, wenn sie im Alter allein gelassen werden, ihre Kinder sie nur selten besuchen oder sie gar in einem Altenheim unterbringen. Wie du mir, so ich dir.

Ich höre oft in Deutschland, vor allem wenn sich Väter und Söhne unterhalten: „Das schaffst du nie!"

Im Iran hört man dagegen bei solchen Gesprächen oft: „Wer ist geeigneter als du? Natürlich schaffst du das. Du bist ein Gewinner." So wird das Selbstbewusstsein der Kinder bestärkt.

Oft wissen Eltern in Deutschland gar nicht, mit wem ihre Kinder befreundet sind, vor allem, wenn sie Teenager werden.

Meine Mutter wusste immer alles über uns, auch als wir bereits über 18 Jahre alt waren. Sie wusste, wer sich in unserem Umfeld bewegte und wer ungeeignet war, zum Beispiel die Freunde, welche ohne Ziel und ohne jedes Streben waren, die Probleme mit Alkohol und dem Rauchen hatten oder sich aggressiv verhielten. Es wäre für uns undenkbar gewesen, mit solchen Leuten Kontakt zu haben. Meine Mutter hat sieben Kinder und war unermüdlich in ihrem Bemühen, uns zu schützen. Jede Unannehmlichkeit und jede Anstrengung nahm sie auf sich, um uns von solch einem Umfeld fernzuhalten.

In meinem Bekanntenkreis erlebte ich oft, dass Kinder, wenn sie junge Erwachsene geworden waren, am Wochenende immer öfter erst um Mitternacht oder sogar erst am frühen Morgen nach Hause kamen. Wenn ich meine Bekannten fragte, ob sie sich keine Sorgen machten, bekam ich meistens die lockere und in meinen Augen verantwortungslose Antwort: „Er ist über 18."

Mich verwirrte das. Ich stand wieder zwischen zwei Kulturen, die so unterschiedlich mit der Erziehung umgehen. Ich wusste nicht, welche Erziehung ihre Berechtigung hat.

Wieso konnte man seinem Kind nicht sagen: „Wir tragen für dich Verantwortung, du bist in unserer Obhut und du wohnst bei uns. Es gibt Regeln und eine davon ist, dass du nicht zu spät nach Hause kommst und wir müssen wissen, mit wem du befreundet bist."

Sicher, da mein Sohn volljährig war, durfte er entscheiden, wohin er geht und wann er nach Hause kommt. Aber trotzdem war es mir doch nicht egal, wie es ihm geht. Ich wollte doch weiterhin das Beste für ihn und ihn auch beschützen, so wie man es in meiner Heimat tun würde, unabhängig vom Alter.

Natürlich ist das oft nicht einfach und es kann auch sehr unbequem sein, wenn sich die Eltern dafür interessieren, wo und mit wem ihre Kinder unterwegs sind. Ich machte und mache mir Sorgen um junge Leute, die noch unerfahren sind und keinen so innigen Kontakt zu ihren Eltern haben wie die Jugendlichen in den orientalischen Ländern. Es fehlt ihnen doch dadurch an innerer Stärke.

Ich wäre als junges Mädchen nie in der Lage gewesen, alleine meine Heimat zu verlassen und mein Leben allein im Ausland, auf einem für mich fremden Kontinent, mit einer komplett andersartigen Kultur, ungewohnten Sitten und neuen Gesetzen sowie vollkommen anderen Menschen neu anzufangen, hätte ich nicht über innere Stärke und ein gesundes Selbstbewusstsein verfügt.

Scheherazade

Scheherazade (persisch: *Schahrzad*) inspirierte mich seit meiner Kindheit.

Immer wieder, wenn ich bei Vorträgen und Seminaren über Medizin und Naturheilkunde mit Heilpraktikern und Ärzten zusammenkomme, erzähle ich bei dieser Gelegenheit gerne kleine Geschichten über lustige Erfahrungen, die ich bei meinen Reisen oder in meinem Alltag erlebt habe. Meine Erzählungen kommen gut an und bei den gemeinsamen Mittag- oder Abendessen während dieser Meetings werde ich von Freunden und Kollegen immer gebeten, an deren Tisch zu sitzen - manchmal bin ich an zwei oder drei Tischen gebucht, sie mögen meine Erzählungen.

Inzwischen habe ich den Rufnamen „Schahrzad" (die Figur aus 1001 Nacht), was mich überaus glücklich macht. Die Geschichte fasziniert mich sehr und wenn ich ab und zu aus der 1001 Nacht-Geschichte lese, tauche ich so tief in die Märchenwelt, dass ich stundenlang danach noch im Kopf bei *Schahrzad* bin - eine faszinierende, glückliche Prinzessin mit wunderbaren Fantasien.

Dass ich Geschichten erzählen kann, hat in sich selbst auch eine Geschichte und diese kommt aus der Zeit, in der ich mich im Alter von etwa sieben oder acht Jahren um meine Geschwister kümmern sollte, um sie ruhig zu halten. Ich war erfinderisch und kam daher auf die Idee, mir Geschichten auszudenken und wiederzugeben. Meine Mutter war Schuldirektorin und Lehrerin, sie hatte sieben Kinder und durch ihren Job kaum Zeit für uns.

Ich war schon sieben oder acht Jahre alt (wir waren zu fünft, später kamen meine Zwillingsbrüder dazu), als meine Mutter mir die Verantwortung für alle meine Geschwister übergab und mir nach jedem zweiten Satz sagte, dass ich ein großes Mädchen bin und durchaus Verantwortung übernehmen kann. Ich hatte keine andere Wahl und übernahm die Rolle als eine kleine, junge Mami.

Ich war die erste Tochter und das zweite Kind, wir waren fast alle im Abstand von ein bis zwei Jahren geboren worden.

Meine Mutter stammt aus einer gebildeten Familie, ihr Großvater war ein bekannter Staatsanwalt und ihr Vater war Philosoph und damals schon Dozent an der Uni. Sie konnte nicht immer zu Hause sitzen, also gab es dann eine jüngere Mutter, mich, die sich nach der Schule um alle Geschwister kümmern sollte: Kochen, Kinder füttern, aufräumen, den Kindern später bei den Hausaufgaben helfen und sie beschäftigen.

Es gab damals nur wenige Spiele, es gab keine Kinderprogramme oder Kinderfilme. Ich musste mir Gedanken machen, was ich mit den Kids unternehmen könnte. Als kleines Mädchen kam ich auf die Idee, Geschichten zu erzählen, ausgedachte Geschichten.

Ich erzählte vor allem abends. Weil wir Angst vor der Dunkelheit hatten, musste ich die Geschwister vor allem dann beschäftigen und da meine Mutter abends an der Universität studierte, weil sie mit 16 Mutter geworden war und alles nachholen wollte, waren wir abends allein. Ich habe so angefangen: Ich stellte einen kleinen Hocker hinter den Fernseher (unser Fernseher war in einem abgeschlossenen Schrank), stellte mich darauf und habe etwas vorgetragen, manchmal ohne vorher darüber nachgedacht zu haben. Ich weiß nicht, wie es funktioniert hat.

In meiner gesamten Vortragszeit herrschte absolute Stille. Die Kinder waren später besser organisiert, die waren alle vorher auf der Toilette gewesen, weil sie genau wussten, dass sie sonst dadurch etwas verpassen könnten, es war doch ein Live-Film und es würde nichts mehr wiederholt werden.

Meine Geschwister waren hin und weg, sie hätten alles getan, was ich von ihnen verlangte, zum Beispiel aufräumen, Hausaufgaben machen, beim Streit keine Schimpfwörter benutzen, mir jeden Tag etwas von ihrem Wochengeld geben - ich sammelte das ganze Jahr über Geld für den Muttertag.

Aus meinen Geschichten sind Serien geworden, meine Geschwister mussten für die nächste Folge immer bis zum nächsten Abend warten. Manchmal kamen sie heimlich zu mir und flehten mich an, ein bisschen was von der Geschichte früher zu erfahren. Sie waren neugierig und gespannt, aber das war ich auch, denn ich wusste auch nicht, wie meine Geschichte weitergehen würde. Ich musste daran basteln.

Ich konnte mich in der Schule während des Unterrichts nicht konzentrieren, sondern musste die ganze Zeit an meine Geschichte denken und wie sie weitergehen sollte. Einmal mussten wir einen Aufsatz darüber schreiben, wie unser Wochenende war und was wir erlebt hatten. Ausgerechnet an diesem Wochenende aber hatte ich kaum Zeit gehabt, einen Aufsatz zu schreiben, denn wir hatten Gäste gehabt und ich als großes Mädchen hatte mich um Vieles kümmern müssen, wie Tisch decken, mich mit den Gästen unterhalten, servieren und so weiter.

Shahrzad

Der Herrscher von Persien erwischte eines Tages seine Frau mit einem Sklaven. Er war so verbittert, dass er sich für eine grausame Revanche entschied: Er heiratete Frauen und ließ sie am nächsten Tag töten.

Die Familien von jungen Frauen lebten deswegen in großer Angst. Denn der mächtige Kalif erwählte jeden Tag eine Frau und behielt sie über Nacht in seinem Palast, um sie am nächsten Morgen töten zu lassen.

Dies geschah auch mit Shahrzads bester Freundin Shiva. Genau aus diesem Grund hat sich Shahrzad freiwillig gemeldet. Denn sie wollte Rache nehmen am mächtigen Herrscher. Doch dann kam alles ganz anders....

Shahrzad erzählte ihm am ersten Abend eine schöne Geschichte und der Kalif war verzaubert von Shahrzads Charme und ihrer Klugheit. Er wollte weitere Geschichten hören. Shahrzad versprach ihm, jeden Abend ein neues Märchen zu erzählen, doch sie sagte, sie würde den ganzen Tag brauchen, um sich diese Märchen auszudenken. Er stimmte zu und daraus wurden die berühmten 1001 Nacht-Geschichten.

Das gute Ende: Der Kalif verliebte sich in Shahrzad, bekam von ihr drei Kinder und die beiden lebten bis zum Ende ihres Lebens glücklich zusammen.

Ausgerechnet ich musste als Allererste zur Tafel, um meine Erinnerungen an das Wochenende vorzutragen. Ich war entsetzt, aber habe mir nichts anmerken lassen. Ich nahm ein kleines leeres Heft mit, das ich am Wochenende gekauft hatte und ging zur Tafel. Ich schlug mein Heft auf und las aus dem leeren Heft etwas vor. Meine Erinnerungen gefielen allen, inklusive der Lehrerin, und ich erhielt sogar von einigen meiner Mitschülerinnen Beifall, aber die Lehrerin sagte laut und verärgert: „Du hast uns eine lange Geschichte aus einem so kleinen Heft vorgetragen und nur einmal die Seite umgeschlagen. Wieso?"

Und dann antwortete sie selbst: „Ich weiß wieso. Du hast uns belogen, du hast nur aus deinem Kopf erzählt und nicht aus dem Heft."

Sie kam schnell und sauer zu mir, nahm mein Heft und zeigte es den Schülerinnen: „Schaut her, das Heft ist leer!"

Ich hätte im Boden versinken können und wäre beinahe kollabiert. Ich war eine so stolze Person und dieser Vorfall hat mich wochenlang zermürbt.

Ich durfte dann für die gesamte Pause, 15 Minuten, vor der Klassensprecherin ein schweres Buch über meinen Kopf halten und dabei ein Bein hochhalten, Demütigung hoch zehn, sehr anstrengend.

Ich war mit den Hausaufgaben und mit meinen Geschwistern überfordert, damals war ich neun Jahre alt. Ich hatte meinen Aufsatz doch vorgetragen, so oder so. Als ich mich am Abend bei meiner Mutter über die Lehrerin beschwerte, sagte sie mir: „Man geht nicht ohne seine Hausaufgaben in die Schule und ich muss mich morgen bei deiner Lehrerin für dein Mogeln entschuldigen."

Meine Mutteraufgabe war mir wichtiger als die Schulaufgabe. Ich kümmerte mich weiter um meine Geschwister, ich kontrollierte jeden Tag deren Hausgaben, ob alles richtig war und ob sauber geschrieben wurde, ob die Tasche sauber war, ob die Stifte alle gespitzt waren, ob die Uniformen gebügelt waren, eigentlich alles und währenddessen musste ich auch an meine Geschichten denken.

Meine Geschichten waren über Könige, über Hexen, über Glück, Trauer, Sieg, Verlust, Familie... Leider hat sich keiner darum gekümmert damals, meine Märchen aufzuschreiben und ich habe sie alle leider vergessen.

Meine Geschichten sind immer beliebter geworden. Langsam wurden meine Geschichten durch Mund-zu-Mund-Propaganda bekannt und wir hatten dann zur Geschichtenzeit Besucher aus der Nachbarschaft und dem Familien- und Bekanntenkreis, vor allem am Wochenende.

Meine Geschichten waren am Wochenende länger. Bei der Erzählung habe ich die Vorhänge zugemacht und nur ein wenig Licht hereingelassen, um Atmosphäre wie im Kino zu schaffen und vor allem, weil ich meine Stimme ständig ändern musste, und ich wollte nicht, dass meine Zuhörer mir dabei genau zusehen konnten.

Ich war mal Prinzessin, mal Prinz; mal böse, mal lieb; ich war Wind und Donner, ich war Schüsse und Schreie, ich war Wolf und Löwe, ich war Hexe und Heiler.

Es hörte sich wirklich echt an, manchmal haben die Kinder während meiner Erzählungen Angst bekommen und sich gegenseitig in den Arm genommen. Manchmal hatte ich selber Angst, aber ich war die älteste und musste tapfer sein. Mein älterer Bruder wollte nie bei meinen Erzählungen dabei sein, er mochte mich nicht.

Manchmal weinten meine kleinen Zuschauer aus Freude über ein Happy End und klammerten sich dankbar und glücklich an mich. Die Kinder liebten mich und hätten alles getan, um mir ihre Treue zu zeigen. Ich fühlte eine Macht in mir und verlangte von ihnen, dass sie mich Aziz und nicht mehr Susan oder Schwester nannten, das heißt „wertvoll" oder „beliebt"; ein Name, den ich bis heute liebe.

Mein Vater nannte mich seine Generalbevollmächtigte und meine Mutter ihre rechte Hand. Für diese belanglosen Bezeichnungen musste ich mich von morgens bis abends stressen und dabei vergessen, dass ich selbst ein Kind war. Es war mir alles zu viel, ich konnte an manchen Abenden kaum schlafen, wollte aber meine Zuhörer glücklich machen mit meinen Märchen und Vorstellungen.

Ich war in der Grundschule keine gute Schülerin, ich hatte kaum Zeit und kaum Konzentration. Später hat sich bei mir eine Idee entwickelt: Meine Märchen darzustellen und kleine Geschichten mit meinen Zuhörern zu inszenieren, zum Beispiel beim Geburtstag, beim Sommerfest oder zum neuen Jahr.

Wir lebten in einem großen Haus mit einem großen Keller und im Keller hatten wir viele Kleider und Einrichtungsgegenstände, auch Perücken. Meine Mutter hatte verschiedene Perücken, es war damals Mode.

Beim ersten Anlass habe ich selbst die Einladungen geschrieben, zum Sommerfest. Nach dem Abendessen habe ich die Gäste gebeten, in den Raum für die Show zu kommen. Inzwischen hatte ich alle Beteiligten verkleidet und ihnen gezeigt, was sie zu tun und zu sagen hatten. Manchmal habe ich mit ihnen tagelang getanzt und geübt. Wir hatten einen großen Vorhang im Raum aufgehängt und meine Künstler standen hinter der Bühne und warteten auf meinen Befehl. Für die Gäste hatten wir mit Hilfe von Nachbarn Klappstühle besorgt.

Ich kam zuerst als Moderatorin heraus. Nach der Begrüssung, dem Dankeschön und dem Willkommen sprach ich über den Programmablauf, gut wie ein Profi. Dann bin ich sofort wieder hinter die Bühne, zog mich um und kam wieder heraus.

Wir erzählten Gedichte, sangen, tanzten persisch, indisch, türkisch und arabisch und inszenierten eine kleine Geschichte. Die Zuschauer haben sich amüsiert und bedankt und sind dann weggegangen, leider hat keiner davon Bilder gemacht oder etwas niedergeschrieben und an meine künstlerische Seele gedacht. Für die war meine Darstellung nur Unterhaltung, für mich jedoch bedeutete sie jede Menge Einsatz und jede Menge schlaflose Nächte.

Die Perser haben eine Arztmanie. Fast alle Eltern wünschen sich, dass die Kinder Ärzte werden, ganz gleich, wofür sie Talent haben oder sich interessieren.

Eines Tages fragte mich meine Mutter im Beisein von ein paar Gästen, was ich später werden möchte. Ich antwortete sofort: „Schauspielerin", denn ich war ja bereits Schauspielerin.

Sie stand auf und verpasste mir mit ihrer schweren Hand eine Ohrfeige und sagte mir: „Das sagst du nie wieder, verstanden? Nie wieder!"

Bis heute leide ich darunter, weil ich weiß, dass ich eine gute Schauspielerin oder Sängerin hätte werden können und ihre Ohrfeige tut mir immer noch weh. Wieso sind Eltern so unsensibel? Für meine Vorführungen gaben sie mir großen Applaus, aber sie verhinderten meinen Weg; einen Weg, für den ich Talent hatte.

Die Muttertage, die ich organisiert habe, waren auch sehr beliebt. Das ganze Jahr über habe ich für meine Mutter Geld gesammelt, jeden Abend bevor die Kinder ins Bett gingen habe ich nach Geld gefragt, wie ein Steuereintreiber.

Manchmal hatten sie kein Geld, in diesem Fall kamen kleine Zinsen dazu und sie durften mir einen Tag später zahlen oder mein Vater hat sich eingemischt und deren Schulden abbezahlt. Es war anstrengend für mich, jeden Abend das Geld abzukassieren, aber nach einem Jahr haben wir meiner Mutter mit der Hilfe meines Vaters, der mit uns zum Einkaufen kam, eine große Freude bereitet.

Ich stellte meine Geschwister, schön und gut angezogen, in eine Reihe, jeder hatte einen kleinen Aufsatz für die Mami vorzutragen und ihr danach sein Geschenk zu geben. Das sorgte für jede Menge Stimmung, für diese Zeremonie hatten wir immer Zuschauer aus der Familie und wir machten damit weiter bis zur Pubertät.

Sprachschule

Ich kann mich genau daran erinnern wie es war, als ich vor vielen Jahren in Deutschland angefangen habe, Deutsch zu lernen. Am ersten Tag bin ich mit Begeisterung und Vorfreude auf mein neues und interessantes Leben zur Schule gegangen; ich habe mich angemeldet, die Gebühren bezahlt, meine Bücher entgegengenommen und dann voller Erwartungen meinen Klassenraum betreten.

Selbstverständlich begann ich motiviert, voller Zuversicht und mit höchster Konzentration - doch am ersten Tag verstand ich kaum etwas, alles war so fremd und schwierig für mich. Ich fuhr enttäuscht und hilflos nach Hause, aber die nächsten Tage waren für mich ebenso demotivierend und traurig, man fühlt sich, als ob man stumm wäre.

Doch was uns neue Schüler am meisten deprimierte war der Moment, als wir zusammen mit viel Mühe den einen Satz bildeten um zu fragen, wie lange es dauern würde, bis wir gutes Deutsch beherrschen würden, bis wir richtig auf Deutsch kommunizieren könnten. Die Antwort, die wir bekamen, lautete: „Mindestens drei bis fünf Jahre".

Außer mir waren noch ein paar andere junge Frauen aus dem Iran in der Schule. Als wir diese Antwort hörten, hätten wir fast geweint. Wir wollten alle so rasch als möglich Deutsch verstehen können - um auch verstanden zu werden. Wir wollten unser Gastland und seine Menschen verstehen, Dialoge mit unseren Mitmenschen führen können.

Würden wir wirklich drei bis fünf Jahre darauf warten müssen?

Wann würden wir endlich Zeitungen lesen können, um die Nachrichten aus unserer neuen Welt – ja, aus der ganzen Welt – zu verstehen? Wann würden wir uns nicht mehr wegen eines falschen Artikels oder etwas Ähnlichem blamieren müssen?

Unser damaliger Lehrer war sehr ernst und bürokratisch. Er bestand darauf, dass wir zuerst die gesamte Grammatik richtig lernten: Konjunktiv 1 und Konjunktiv 2, Aktiv und Passiv, Direkte und Indirekte Rede. Was ist der Dativ, was ein Genitiv… Mein Gott, es war zu viel für uns.

Wir wünschten uns nur ein paar Wörter, kurze Sätze, mit den wir unsere täglichen Aufgaben bestreiten konnten; so etwas wie „Guten Tag", „Auf Wiedersehen", „Ich danke Ihnen", Wie komme ich da und dorthin"… Stattdessen mussten wir mit den Artikeln anfangen; *die* Sonne, *der* Mond….

Meine lieben Deutschen: Die Sonne scheint bei uns im Iran auch ohne Artikel, denn in Farsi gibt es keine Artikel.

Es war mir unangenehm, zehnmal am Tag danach gefragt zu werden, aus welchem Land ich komme und wie lange ich in Deutschland bleiben möchte. Einmal antwortete ich unüberlegt und spontan auf die Frage nach meiner Herkunft - weil ich mir viele weitere unangenehme Fragen über meine Heimat ersparen wollte -, dass ich aus Spanien sei. Zu meinem Entsetzen sagte die Dame, die mich gefragt hatte, dann plötzlich etwas auf Spanisch zu mir. Es war mir sehr peinlich und ich habe mir damals geschworen, nie wieder meine Heimat zu verleugnen.

Es war anfangs eine sehr harte Zeit, wenn man sich nicht äußern oder unterhalten kann. Man kann sich auch nicht beschweren oder wehren, und so akzeptiert man alles, weil man nicht schnell genug die Sätze zusammenfügen kann. Man hat Angst, sich lächerlich zu machen mit der Verwechslung von Dativ, Akkusativ oder Genitiv.

Die Artikel und die Verben, die man im Gegensatz zu Farsi in der deutschen Sprache immer zerstückeln muss, sollten uns in jedem Fall nicht daran hindern, zu lernen.

In solchen Situationen verzichtete man dann lieber auf sein Recht, weil man es auch zeitlich nicht schafft - bis man die richtigen Artikel gefunden hat und die Satzbildung endlich stimmt, ist das Gegenüber schon verschwunden.

Aus dieser Frustration entsteht dann, dass man langsam zurückhaltender wird, weil man nicht gut verstehen, reden und schreiben kann. Ich hätte damals alles gegeben, um die Nachrichten aus dem Iran zu verstehen, denn es gab Krieg zwischen Iran und Irak und ich wollte natürlich alles darüber erfahren.

In manchen Ländern interessieren sich die Menschen nicht so sehr dafür, ob man sich korrekt äußern kann. Oft reicht ja auch ein Wort, um verständlich zu machen, was man meint - und das macht einen dann mutiger und motiviert zum Reden. Die Deutschen aber verlieren in solchen Situationen ihre Geduld und finden es nicht lustig, wenn man sich falsch artikuliert. Wie oft musste ich hören „Wie bitte?" oder „Noch einmal, bitte!" oder „Ich habe sie akustisch nicht verstanden." Meine Freundinnen und ich wussten genau was passieren würde, wenn wir anfingen, mit den Deutschen zu kommunizieren – wir würden all diese Sätze immer und immer wieder zu hören bekommen.

Wir waren ein paar junge Frauen und nach einer Weile wollten wir wegen der schwierigen Sprache und dem kalten Klima Deutschland wieder verlassen. Aber wie und wohin? Es herrschte ein kalter Krieg zwischen dem Iran und den westlichen Ländern, wir waren nirgendwo willkommen und wir mussten dankbar dafür sein, in Deutschland bleiben zu dürfen. Uns erschien das damals unfair: Was hatte der kalte Krieg zwischen den Regierungen mit uns zu tun? Wir waren junge Frauen mit Zuversicht und Ideen für die Zukunft.

Zwei meiner Freundinnen von damals aus der Sprachschule arbeiten heute als Ärztinnen und eine andere hat ein sehr schönes persisches Restaurant mit einem kleinen Hotel.

Ich glaube, um einem Migranten das Leben ein bisschen zu erleichtern, müssten die Sprachschulen mit einfachen kleinen Sätzen anfangen, mit Bilder-Geschichten und Lernspielen. Lernen muss motivieren, Lernen muss Spaß machen.

Daher freut es mich, dass heute in Deutschland solche motivierenden Lernprogramme angeboten und mit Erfolg absolviert werden.

Aber eines war damals so wichtig wie heute; das Verständnis und die erwiesene Hilfe zahlloser lieber, netter, freundlicher, offener Menschen in Deutschland.

Einsamkeit

Manche Menschen – und dies nicht nur in Deutschland, sondern in aller Welt – denken manchmal, dass Immigranten in ihrer neuen Welt im Paradies leben und dankbar sein sollten, dass sie hier leben dürfen.

Dabei vergessen sie aber oft, worauf Menschen, die ihre Heimat verlassen mussten, alles verzichten: auf ihre vertraute Umgebung, Freunde, Familie, Klassenkameraden, auf Besitz, Kultur, Mentalität, Essensgewohnheiten, auf Klima, Wärme, Geborgenheit und ein Gefühl des Geschütztseins – einfach ihre Heimat.

Ich meine nicht die schrecklichen Fälle von erzwungener Flucht, bedingt durch Massaker und Kriege, durch Hoffnungslosigkeit oder Armut, bei denen so viele bedauernswerte Menschen um ihr Überleben kämpfend eine Zuflucht suchen. Für diese geplagten Menschen ist Europa, im wahrsten Sinne des Wortes, eine Zuflucht. Hier ist jede nur denkbare Hilfe geboten.

Aber auch für diese armen Flüchtlinge gilt dasselbe wie für ganz normale Immigranten. In der Heimat findet man selbst in schwierigen Lebenssituationen immer noch eine Schulter, eine Hand, ein Lächeln. Hat man das Land verlassen, gibt es das alles nicht mehr. Jetzt zählt nur zu funktionieren und das stete Gefühl „ich muss weiter."

Es ist schwer, dieses Gefühl von Heimat zu verdrängen, und der Preis für einen Neuanfang in einem fremden Land ist hoch. Es braucht enormen Einsatz und viel Kraft, um neu zu beginnen. Und trotzdem gibt es manchmal keine andere Lösung, als alles Vertraute und Liebgewordene für einen neuen Anfang loszulassen und zu verdrängen.

Ist man noch sehr jung, klappt das gut. Für ältere Menschen ist es jedoch schwer, noch einmal ganz von vorne anzufangen, sich auf eine neue Mentalität einzustellen, eine neue Sprache zu erlernen. In einem neuen, fremden Land müssen sie oft einen Teil ihrer Selbständigkeit aufgeben und sind plötzlich auf Hilfe angewiesen.

Zudem haben sie ihr vertrautes Umfeld und ihre Freunde verloren. Es fehlt ihnen einfach an Kraft und Energie, mit allem Neuen zurechtzukommen. Sie sind eben nicht mehr jung. Manche älteren Menschen, die im Ausland leben, werden dann sehr traurig, fallen in eine Depression und werden richtig krank.

Die neue Sprache, die Art der Kommunikation, die Veränderungsgeschwindigkeit, die Behördengänge, das gesellschaftliche, rechtliche, kulturelle Miteinander, die andere zu erlernende Mentalität, die Umwelt und das gesamte Umfeld, alles will neu aufgenommen und verstanden werden.

Mein Vater wollte den Iran eigentlich nie verlassen. Er war beruflich erfolgreich; ging auf seine Pensionierung zu, wollte die letzten guten Jahre in Frieden und Freundschaft in seinem Land verbringen. Hier hatte er seine Freunde, seine Hobbys, seinen geliebten Garten, alles.

Aber er beugte sich dem Wunsch der Familie und folgte widerwillig den anderen irgendwann nach Amerika. Die Familie hatte es so entschieden.

Als ich ihn besucht habe, saß er auf einem Sessel mit der Fernbedienung in der Hand.

Ich fragte: „Papi, wie geht es dir?"

Da sah er mich traurig an und sagte mit gedämpfter Stimme: „Ich kann nicht aus dem Haus; mich nicht mit den Leuten unterhalten, weil ich die Sprache nicht spreche; ich kann nicht fahren, weil ich keinen amerikanischen Führerschein habe, ich kann nicht mal alleine zum Arzt oder Einkaufen gehen. Ich habe nur die Auswahl zwischen unzähligen TV-Kanälen; von morgens bis abends, wenn alle ihren Jobs nachgehen. Vergleich das mal mit meinem Leben in Teheran."

Er war in den USA eigentlich immer auf andere angewiesen. Das deprimierte ihn immer mehr, er bekam immer stärkeres Heimweh, bis er davon krank wurde. Doch es war nicht leicht für ihn, nach Teheran zu reisen – es gab wegen des Embargos keine direkten Flüge und das war für ihn mit seinem hohen Alter sehr anstrengend. Leider ist er dann auch in Amerika, und nicht in seinem geliebten Heimatland Iran, gestorben und liegt dort begraben.

Iraner sind nicht gerne allein und in aller Regel leben sie auch nicht allein. Sie leben in und mit ihrer Familie, auch wenn sie sich gegenseitig nicht immer, wie fast in allen

Familien, gut verstehen. Trotzdem, fast jedes Wochenende organisieren sie ein Zusammentreffen, freuen sich auf die Familie und lassen es sich dabei gut gehen.

Wenn sich ein Paar scheiden lässt, dauert es meist nicht lange, bis neue Partner gefunden sind; vor allem die Männer bleiben nicht lange allein. Ist ein Paar getrennt, kümmern sich alle erstmal darum, dass die ehemaligen Partner wieder zusammenfinden - vor allem, wenn das Paar Kinder hat. Diese Einmischung in den Fällen, in denen eine Scheidung droht, schätze ich sehr. Eine Scheidung im Iran würde nicht wie in Deutschland kalt und ohne Emotionen über Anwälte und Gerichte abgewickelt, wo sich kein Familienmitglied im Geringsten darum kümmert, die Situation zu verbessern. Als Grund hierfür gilt, dass die Privatsphäre des Paares respektiert werden müsse.

Im Iran jedoch ist ein getrenntes Paar nicht allein. Wirklich jeder kümmert sich darum, dass die Probleme zwischen Ehepaaren gelöst werden können; und wenn keine Chance mehr besteht, begeben sie sich auf die Pirsch nach einem neuen Partner, einer neuen Partnerin. Das heißt, Familie und Verwandte, Freunde und Bekannte sowie Nachbarn verhalten sich auf eine Art und Weise, die in Deutschland nicht üblich ist. So werden junge Frauen, z. B. wenn sie keinen Ehering tragen, bei familiären Angelegenheiten, Festen oder Partys, beim Einkaufen, im Park, sogar in Bussen, Bahnen oder im Taxi – kurz eigentlich überall – angesprochen.

Manchmal gelingt es sogar, zwei alleinstehende Menschen zu einer Verabredung zusammenzubringen und zuweilen kommt es dann sogar auch zur Eheschließung.

Wenn ich meinem Umfeld in Deutschland hin und wieder mitteile, dass ich mich einsam fühle, verstehen sie mich nicht und antworteten mir: „Wieso? Du hast doch deine Familie. Du bist doch nicht allein."

Ja, ich habe meine Familie. Aber man kann sich auch einsam fühlen, obwohl man nicht alleine ist.

Flug von Teheran

Kurz bevor ich einmal nach Teheran flog, rief mich ein guter persischer Bekannter an, der von meinen Reiseplänen gehört hatte. Ohne große Umschweife fragte er mich, ob ich ihm aus dem Iran einen Orangenbaum mitbringen könnte? Bäume mit so tollen Früchten, wie er sie aus der Heimat kannte, könne man in Deutschland einfach nicht bekommen.

Ich fragte, was er sich vorstelle, wie ich das machen soll?

„Ganz einfach", antwortete er, „Verpacken sie den Baum mit einer Folie, gießen sie genügend Wasser dazu und legen Sie ihn in ihren Koffer. Wissen Sie, der Baum muss in den Koffer, weil Sie sonst Probleme mit dem Zoll bekommen können. Es ist nämlich nicht erlaubt."

Ach so, dachte ich bei mir, und was wird dann aus meinen Kleidern, wenn das Wasser raus fließt? Was, wenn ich Probleme beim Zoll bekomme? Außerdem, wenn man einen Baum in den Koffer legt, hat man kaum noch Platz für was Anderes. Ich fand es merkwürdig, was manche Leute so von einem verlangen. Natürlich habe ich das dann nicht getan.

Ich hatte diese Episode schon fast vergessen, als ich für den Rückflug von Teheran nach Deutschland in ein Flugzeug einer iranischen Airline einstieg. Ich schnallte mich an und wartete auf den Takeoff.

Ich blickte mich um und traute meinen Augen nicht: Auf der anderen Seite des Ganges saß ein Mann und auf dem Sitzplatz neben ihm war ein großer Topf angeschnallt, in dem sich ein Orangenbaum befand.

Als der Orangenbaumbesitzer die Fragezeichen in meinem Gesicht bemerkte, erklärte er mir: „Wissen Sie, diese Art von Orangenbaum gibt es nicht in Deutschland, daher...“

Ich überlegte, was er wohl mit „daher“ meinte. Wer hatte ihm erlaubt, mit einem so großen Topf voller Erde die Passagiere in Gefahr zu bringen? Was wäre, wenn etwas passieren würde? In 10.000 Fuß hoch über Osteuropa gibt es immer starke Turbulenzen. Ich war wütend und machte mir Sorgen, bis wir endlich landeten.

Wenn man im Iran gute Kontakte und Beziehungen hat, ist leider alles möglich.

Rückkehr nach Deutschland

Nach über zwei Wochen, die ich in Teheran verbracht habe, kehre ich von meiner Reise zurück nach Deutschland. Ich fühle mich wieder verbunden, voller Anerkennung und vermisse diese Stadt bereits jetzt.

Als ich in Frankfurt ankomme, regnet es. Man sieht nur Wolken, grau in grau, es bedrückt mich sehr und macht meine Rückreise noch schwerer. Seltsamerweise beginnt es immer zu regnen, wenn ich zurückkomme.

In den ersten Tagen nach der Rückkehr werde ich immer melancholisch und fühle mich einsam, weil ich meine Familie und Freunde nicht mehr um mich habe, die tägliche persische Sonne und vieles mehr fehlt.

Doch dann erreicht mich wieder das Gefühl meiner neuen Heimat Deutschland, welche mir Sicherheit, Ruhe und vor allem Frieden schenkte. Und wo ich alle Möglichkeiten hatte und habe, mich als Frau weiter zu entwickeln. Meine neue Heimat, wo meine geliebten Kinder aufgewachsen sind und jetzt ihre eigene Zukunft gestalten, wo viele Menschen aus aller Welt mit unterschiedlichen Hautfarben, Mentalitäten und Religionen zusammenleben können und sich für eine bessere und friedlichere Welt einsetzen.

Ich bin mit zwei wunderbaren Heimaten gesegnet - einer im Osten und einer im Westen, mit gleichsam historischen und doch unterschiedlichen Kulturen, welche mein Leben bereichern – und hierfür bin ich Gott aus tiefstem Herzen dankbar.

Aber tief in meinem Herzen und meiner Seele wird immer mein geliebtes Persien noch ein Stück tiefer verwurzelt, ein Stück mehr Heimat sein.

Königsgarten Bagheshah, Teheran

Mausoleum des beliebten König Kourosh

Der Iran bietet große landschaftliche und kulturelle Vielfalt – große Wüsten..

..historische Kulturstätten...

..überwältigende Moscheen...

..und monumentale Denkmäler und Bauwerke...

Die Autorin

 Ihre Wurzeln liegen in Persien. Dort absolvierte Susan Reuss mit Erfolg das Studium der Politikwissenschaften, in dem sie viel über Perspektiven lernte und ihre Auswirkungen auf das Miteinander.

Ihr Interesse am Blick hinter die Kulissen und ihr Verständnis für Zusammenhänge und Hintergründe führte sie im Anschluss in das Redaktionsbüro einer großen, angesehenen Tageszeitung, wo sie als Journalistin tätig wurde.

Im Jahr 1985 führte ihr Weg sie nach Deutschland, wo sie schnell Fuß fasste und selbständig arbeitete. Ihrem Interesse an alternativen Heilmethoden folgend, ließ sie sich zur staatlich geprüften Heilpraktikerin ausbilden. Den Beruf als Heilpraktikerin übte Susan Prinzessin Reuss ab 1994 in eigenen Praxen in Deutschland aus. Zusammen mit ihren Kenntnissen als medizinisch geprüfte Ernährungsberaterin und ausgebildete Kosmetikerin arbeitet sie heute als umfassend qualifizierte Beraterin für den gesamten Themenbereich von Beauty, Health und Lifestyle.

Als Mutter eines Kindes mit besonderem Förderungsbedarf fühlt sie sich berufen, ihre Talente und internationalen Kontakte in den Dienst der guten Sache zu stellen. Daher engagiert sie sich in zahlreichen Kinderhilfsprojekten im In- und Ausland und wurde im Jahr 2000 zum UNESCO-Attaché ernannt.

Ihre Hobbys sind Schreiben, Singen und Fotografieren.

In ihrem ersten Buch „Persien, meine Heimat" schildert sie ihre Eindrücke der orientalischen Kultur und Lebensweise. Zurzeit schreibt sie an ihrem zweiten Buch.